請問愛

愛的真諦，
揭露靈魂與愛的神聖約定

上

宇色Osel——著

無極瑤池金母的靈訊啟示

楓書坊

目錄

序 愛的醞釀與綻放……5
第1章 愛，超越情感的宇宙力量……14
第2章 情與愛的神聖共鳴……48
第3章 解密愛（上）好的真諦……82
第4章 解密愛（下）愛的迷惑……114
第5章 靈魂與愛的神聖約定……146

序

愛的醞釀與綻放

《請問愛》作為《請問母娘》系列的第四本書，實際上在編寫順序上應該位於《請問財富》之前。因此，正確的順序應該是：《請問輪迴》、《請問愛》、《請問財富》和《請問覺醒》。然而，為什麼這本書會延遲將近四年的時間才完成呢？背後實際上隱藏著一段耐人尋味的故事。

當我完成《請問輪迴》後，出版社希望我能夠撰寫更貼近現代人所困惑、好奇的議題。他們列舉了許多主題，包括健康、愛情及財富等。當我第一次看到「愛」這個議題時，立刻被吸引了。在當今社會，愛似乎是每個人都極度匱乏的。我們處於一個混亂不堪的時代，充斥著暴力、攻擊及詐騙等事件。因此，我認為「愛」這個主題應該被更深入地討論和認識。它不僅是一種情感，更是一種能夠改變世界的力量。

在《請問母娘》系列中，我一直遵循固定的編寫模式：先呈現無極瑤池金母的靈訊，再以個人觀點詮釋。然而，當我開始就「愛」這個主題向無極瑤池金母請教時，卻發現自己陷入了前所未有的困境。

無極瑤池金母所闡述的愛，與我們日常理解的概念截然不同。祂口中的愛涵蓋了宇宙、無為、大自然，甚至跨越了所有宗教的界限。這是一種宇宙的愛、無限的慈悲，一種超越時空的存有意識狀態。面對如此浩瀚深邃的概念，我感到自己完全無法理解，更遑論詮釋。這種愛遠遠超出了我們日常生活中所能觸及的範疇，超越了常人對於愛的常規理解。它不僅僅是人際關係中的情感，而是一種更高維度的存在狀態。在當時的認知和能力範圍內，我深感自己沒有資格去詮釋無極瑤池金母所說的愛。因此，在面對「愛」這個主題時，我意識到無法按照慣常的方式繼續寫作。

我感到無從著筆，無法繼續詮釋無極瑤池金母靈訊的內容。這種無力感深深地籠罩著我的心靈。內心的困惑與不安與日俱增，每次動筆後只留下無盡的空轉。這前所未有的沉默，讓我深刻體會到自己對「愛」的認知是何等的渺小與無知。這是我寫作超過十二年從未有過的經驗。

在創作過程中，我意識到《請問愛》這個主題的深奧和複雜性，因此決定暫時擱置，轉而撰寫《請問財富》。令我驚訝的是，《請問財富》的寫作進展異常順利。這或許是因為金錢、財富及富足等議題與人們在物質世界的認知和需求最為貼近，使得思路更為清晰。

然而，在撰寫過程中，我逐漸領悟到無極瑤池金母對「財富」的詮釋遠超出了世俗的理解。祂以「富足」二字貫穿全書，將焦點從單純的金錢概念提升到更高的精神層面。這種觀點的轉變，為我以及所有的讀者打開了一扇新的認知之窗。令人感到意外的是，《請問財富》在沒有特別宣傳的情況下，意外地成為許多播客、YouTube 頻道以及社交媒體朋友熱烈討論與分享的一本書。《請問財富》所孕藏的傳播力讓我感到不可思議，也證實了書中所傳達的「富足」理念確實觸動了許多人的心靈。

完成《請問財富》後，我滿懷期待地重新審視《請問愛》的靈訊。我原以為經歷了對「富足」概念的洗禮，會讓我更有能力去詮釋無極瑤池金母所傳達的愛的真諦。然而，事實證明，我低估了這份「愛」的深度和廣度。聆聽長達數小時的靈訊音檔，面對數萬字的逐字稿，我依然感到難以下筆。如同斷片，不知從何說起。

在三年的疫情期間，我嘗試用各種方式去詮釋祂的愛。為了更深入理解，我甚至研讀了許多印度聖哲和西方哲學家對愛的詮釋。然而，閱讀後我驚覺，他們口中的愛與無極瑤池金母所持的愛有著本質的不同。這種差異讓我陷入了深深的思考。無極瑤池金母的愛似乎超越了人類現有的認知範疇，它更加純粹、無條件且包容一切。我開始意識到，要真正理解和傳達這種愛，我需要放下既有的概念，以一種全新的視角去感受和體悟。當我萌起這樣的想法時，我是感到興奮的，因為它意味著我即將轉入至更高的靈魂意識層次。在這種靈性提升的驅使下，我領悟到：要真實地闡述無極瑤池金母的訊息，我必須讓自己的心靈回歸最純淨的狀態。因此，我決定將其他人對愛的詮釋都暫時擱置一旁，讓自己的心靈保持空明。只有這樣，我才能夠不受干擾地感受與傳達無極瑤池金母遠從無極界傳來的愛，確保我的書能夠原汁原味地呈現這份超越凡俗的愛的本質，不摻雜任何外來的觀點或偏見。

就在疫情即將結束時，我萌生了關於疫後人類意識覺醒的念頭。在得到無極瑤池金母的同意後，我寫下了近十三萬字的《請問覺醒》。在這本書中，無極瑤池金母大量教導我們如何運用靈魂的覺醒來看待後疫情時代的世界。祂所預言的後疫情世界景象，如今正一步步實現。當我完成《請問覺醒》後，我突然有種頓悟，似乎理解了無極瑤池金母所說的愛。我領悟到，愛就是一種靈魂意識的覺醒。當一個人進入靈魂的轉化，從粗糙的物質世界進入更為純粹的意識狀態時，那就是愛的體現。正如無極瑤池金母在《請問愛》中所言，世人口中的解脫、頓悟與覺醒，都是愛的代名詞，它們本質上是同義詞。當我領悟到這一點，並重新閱讀與聆聽無極瑤池金母「愛」的教誨，以及前三本書的編寫，思考沉澱之後，我突然感受到一股澎湃的能量從胸口爆發而出。我知道，寫出《請問愛》的時刻終於來臨了。

2023年，正當我準備動筆寫《請問愛》時，意外地我去了一趟英國。就在搭乘飛機時，發生了一件突如其來的事情，又再次打斷了《請問愛》的寫作計畫。這個意外事件彷彿是命運的安排，為我對愛的理解帶來了新的轉折和啟示：

前往倫敦的班機正從跑道上緩緩升起，穿越一層層厚重的雲朵。倏忽間，我被一股無法形容的平靜和妙樂所包圍，彷彿被帶往了另一個異度空間。這一刻，我心中湧現出無法言喻的感恩之情，充滿全身，我完全沉浸在這個空間中，處於一種空靈的狀態，一點肉體的存在也感受不到。神祕的力量引領我重新追溯過去，將我過去的生命和靈修經歷緊密地連結在一起。

在如此超意識的狀態中，我突然將一切都串連起來，原來，生命中每一個片段、每一次轉折，都與我的靈修深刻相關。這種緊密的連結，使得靈修在無形中成為改變我生命的推動力，在我毫不自覺的情況下，它每天都在一點一滴間改寫我的靈魂意識，進而改變了命運的劇本……輪迴的終極意義，是讓靈魂不斷地提升與進化，最終回歸自己的天命，並回歸我們最初分化的那一條靈，與之合一。

正如我在《請問輪迴》中提到的：「修行人鍛鍊的最終目的並不是靈魂合一，而是回到那一條最原始的靈。」人的生命如同宇宙星辰的軌道，無論你走得多遠，終究都將歸返於自己的天命本位。我們轉世來到人世間，努力在世間尋找自己的天命。

是冥冥中的指引，在這次超越凡俗的靈性體驗之後，我的靈感如泉水般湧現。在前往英國的飛機上、旅行中以及回程路上，我的手指彷彿被無形的力量牽引，透過手機快速地寫下了另一本書——《喚醒天生好命：啟動靈魂原力的12堂課，讓好事自動歸位，輕鬆改寫未來命運》，這是《請問愛》的前導書。緊接著，當我將稿件交給出版社後，《請問愛》順勢開始成形。它就像是一件水到渠成的事情，不像之前每次想要動筆寫《請問愛》時總是遇到種種阻礙，甚至讓我感到無能為力，覺得自己沒有資格去寫愛。這種憂慮和困頓如今已完全消失。

《請問愛》在短短不到一個月的時間內就完成了。我快速整理了無極瑤池金母的靈訊，將每一篇中提到的愛、死亡、靜心及輪迴等概念迅速梳理一遍。同時，我完整闡述了我對無極瑤池金母靈訊中愛的理解。每寫完一篇，我都有一種舒暢感，彷彿完全體悟到無極瑤池金母所教導的愛。甚至在書寫過程中，經常忘我地融入靈訊的愛中。

我希望將這樣的感受分享給每一位正在閱讀這本書的讀者。我希望你們在閱讀這本書時，能夠以不帶任何結論和觀點的空明心態來閱讀無極瑤池金母所降的靈訊。這對你們會有很大的幫助，因為閱讀靈訊不應該使用大腦去思考。當大腦過度介入閱讀時，靈訊就不再是最純粹的，而是已經偏離了無極瑤池金母的本意，那就不在愛的範疇之內了。這在之前的《請問母娘》系列中的靈訊亦是如此。

當你放空心靈，以一種空明的狀態掃過文字，我相信你會和我一樣，感受到靈魂意識逐漸從粗糙轉化為更純粹的愛。讓我們一同踏上這趟探索愛的奇妙旅程，在靈魂的覺醒中，找到真正的愛與富足。

宇色

第1章

愛，超越情感宇宙力量

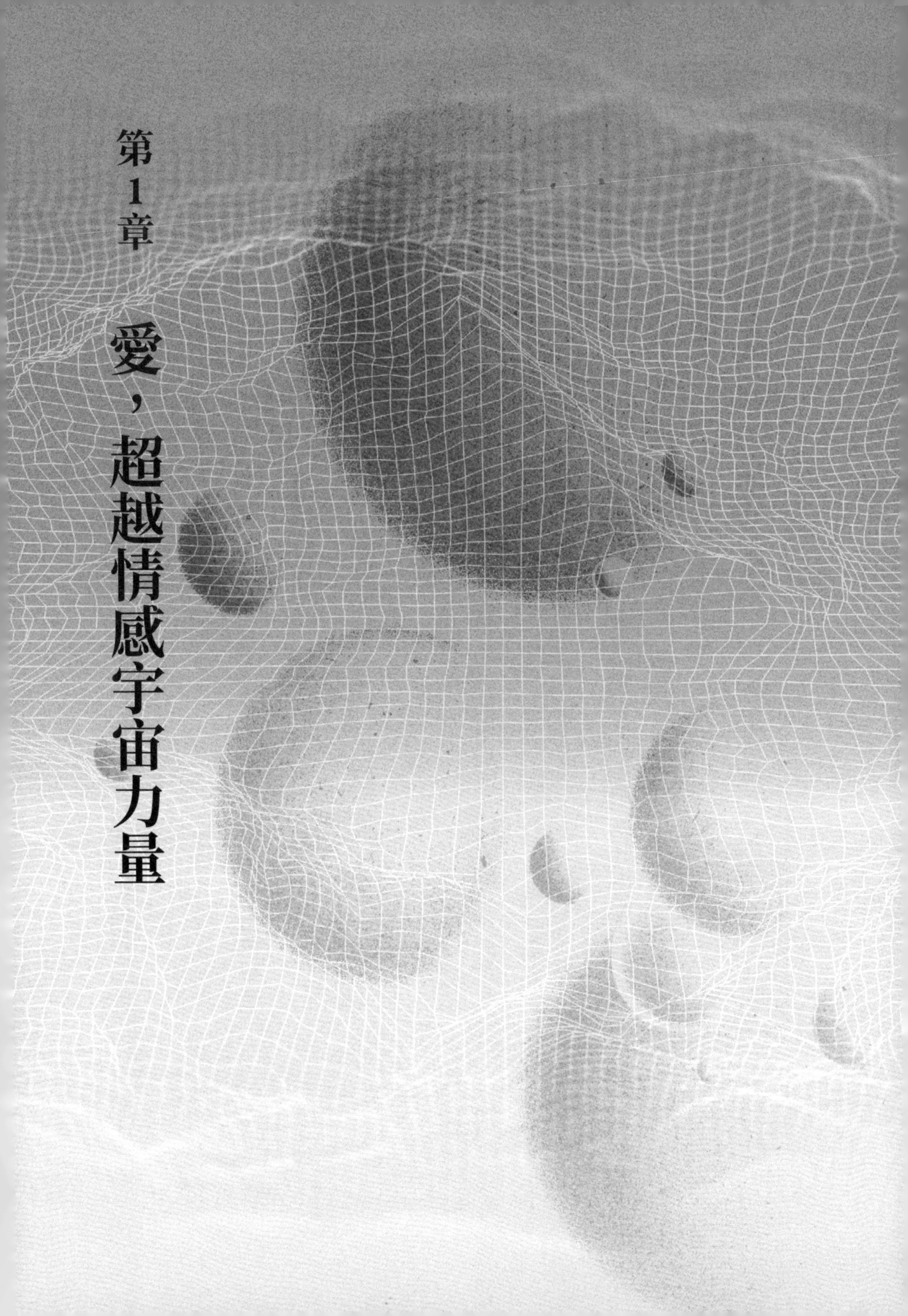

當你們開始意識到並順應這種宇宙規律時，一個令人驚訝的轉變就會發生：你們的靈魂意識將被喚醒。就像是從一場長夢中醒來，開始看清生命的本質，並有機會跳脫出輪迴的循環。

——無極瑤池金母

作為本書起頭的首個章節中，我祈請無極瑤池金母，為我們定義「愛」的本質。我深信，唯有先釐清愛的真正含義，在閱讀後續章節時，才能更透徹地理解愛的深層意涵。

因此，我誠摯地建議各位讀者以開放的心態，仔細品味這個章節的每一字、每一句。相信當你讀完後，你對「愛」的理解將會快速飛躍，進而開啟一段全新的心靈旅程。

愛的本質

（問）

我對於愛的定義充滿疑惑與不解，希望透過無極瑤池金母的智慧解惑。

愛，這個看似簡單卻又深奧的字，在我們的世界裡有著多種面貌。我們感受過父母家人彼此間的溫暖關懷，體驗過伴侶之間的親密連結，享受過朋友間的真摯情誼，甚至在工作中也建立過同事之間的互助提攜之情。這些，就是我們所理解的愛。

然而，古老典籍、智者教誨與宗教信仰所描述的愛，似乎遠遠超越了這些。它談及的愛是對大自然的敬畏，對神明的虔誠，甚至延伸到對整個生命和宇宙的無條件接納。這種愛的廣度和深度，已經遠遠超出世俗所能理解的範圍。

因此，祈求無極瑤池金母的指引：

- 愛的本質究竟是什麼？
- 它是否僅僅是我們凡人所感受到的情感，還是有著更深遠的意義？

- 從祢那超越時空的視角來看，該如何解釋愛的真諦？
- 它是否具有更寬廣的意識形態，或者蘊含著某種更高層次的精神力量？

在浩瀚宇宙中尋找靈魂的頻率

無極瑤池金母

你是否曾經感覺到，在這浩瀚宇宙中，一切都似乎遵循著某種神祕的秩序？

在我們之前探討的輪迴、財富與覺醒這三個看似毫不相關的主題中，實際上都指向了一個共同的核心：宇宙中存在著一種規律且恆定的運作法則。這個法則，就如同一個精密且難以窺透的韻律機制，調控著人類與大自然的生存節奏。

想像一下，當你站在森林中，周圍的樹木、花草與昆蟲都在無聲地訴說著大自然的智慧。它們的生長、變化和消亡，都遵循著一種難以察覺卻又精確無誤的規律，這就是我所說的「自然之道」。你曾經感受過它們所帶來的和諧嗎？

你是否曾在仰望星空時，感受到一種神祕的秩序和連結？那看似混沌的宇宙，其實蘊含著無法用肉眼察覺的精妙規律。

整個宇宙就像一個巨大的生命體，充滿了流動的能量。

在這個宏大的圖景中，每一個存在，無論是一顆星球還是一粒沙子，都與整體產生著奇妙的共鳴。它們相互依存、相互影響，形成了一個和諧且平衡的整體。你有沒有想過，我們每個人在這個宇宙交響曲中，都扮演著獨特而重要的角色？

當你們開始意識到並順應這種宇宙規律時，一個令人驚訝的轉變就會發生：你們的靈魂意識將被喚醒。就像是從一場長夢中醒來，開始看清生命的本質，並有機會跳脫出輪迴的循環。

在浩瀚宇宙中，隱藏著一股用肉眼無法察覺的規律力量。想像宇宙是一個巨大的交響樂團，每個星體都是其中的一個樂器，而那看不見的規律就是指揮家，引導著這場宏大的宇宙音樂盛會。正是這股力量，使得宇宙中星羅棋布的恆星、行星、衛星以及由無數星體組成的巨大星系，彼此間保持恆定轉動且互不碰撞。

這無垠宇宙其實是一個巨大的能量場，承載著超乎人類所能想像的驚人能量，交織成無以數計的頻率波與訊息場。在這個宏大的舞台上，所有物種都受到這個大能量場所產生引力的影響，同時物種與物種之間也會相互影響。你能感受到這種無形的連結嗎？

這股巨大的引力，推動著無數星體與生存其中的物種產生運行性與轉動力。從你能觀察到的氣候變遷、地殼變動、生物遷徙、物種生滅、四季變化，到無法直接看到的國家文化演變、民族意識形成，甚至是隱藏在人類心性中的習氣、喜好、觀點、思維以及情感與愛情，全部都受到這股力量的影響。當你感到與某人特別有共鳴時，是否曾想過這可能是你們的意識頻率在宇宙中找到了共振點？

儘管如此，人類擁有極高的意識，可以選擇自己的生命方向。當你的意識頻率處在純淨能量層次時，你便與宇宙相同的層次相融，進而得到它的訊息與能量。記住！靈魂意識越純粹，相應的是宇宙更高的能量場。透過調整自己的意識振動與頻率，你可以選擇與何種宇宙頻率共振，進而獲得更多靈性上的體驗和啟示。在這浩瀚的宇宙中，每個人都是獨特而重要的。你的每一個想法、每一個選擇，都在與整個宇宙對話。

萬事萬物皆是在意識共振之下推動彼此，因而牽動著每一個物種的命運與輪迴之道，這就是宇宙的規律。就如同星體在宇宙間無法靜止不動，時時刻刻都必須轉動運行，彼此之間又在宇宙規律運轉牽引之下，保持恆動且互不碰撞。而靈體與星體具有相似的屬性，受到這股力量的影響，人與人之間保持適當的距離，彼此共同生存。

問

是什麼力量在推動這浩瀚宇宙的運轉？是什麼讓生命如此獨特而又相互連結？

宇色！當你問我如何定義愛時，我會告訴你：愛就是這一股牽動宇宙與無數物種轉動的力量。它不僅僅是一種情感，更是整個宇宙運作的核心動力。在我們所處的這個龐大的地球生態系統中，愛是一個不可或缺的環節，維繫著生命的延續與進化。

想想看，你是否曾在某個瞬間，感受到與整個宇宙相連的奇妙感覺？那可能就是你與這股宇宙之愛產生共鳴的時刻。

不會有一條靈魂轉世來到世間是不具備愛的，這是不可能發生的事情。每一個生命，無論其形態如何，都天生具備這種宇宙之愛的能力。然而，隨著靈魂經歷無數次的輪迴轉世，我們漸漸失去了覺知這股力量的能力，徹底遺忘了它的存在，同時也喪失了傾聽與順應它的能力。

這種遺忘導致我們深陷無止盡的轉世輪迴當中。但請記住，靈魂覺醒、生命解脫、意識昇華、覺性甦醒，這些看似不同的概念實際上都在講述同一件事：重新喚醒我們與生俱來的覺知能力，並與這股宇宙之愛共存合一。這正是每一條靈魂轉世輪迴的最終目的。

✦重新連結這股宇宙之愛

你是否曾經在生活中體驗過那種內心完全寧靜的時刻？那種感覺，彷彿整個世界都安靜下來，只剩下你與宇宙的脈動相呼應。

當你感受到內心的平靜，對生命毫無恐懼、對未來毫無期待、對世界毫無索求時，你會發現自己開始感恩生活中的每一個細節。當你不再試圖從世界中索取或占有什麼，我們反而能夠更深入地感受和欣賞世界的美好。達到這種狀態，你會發現自己與那股神祕而強大的生命力量產生了連結。這種狀態，正是愛，即是與生命本源共鳴的瞬間。

愛如磁鐵：無分別的磁吸力

問

方才我在沉思祢的教誨時，我的意識似乎超越了物質世界的界限，進入了一個更高維度的存在狀態。我的靈魂彷彿與存有融為一體，所有的界限都消失了。在如此超然的狀態下，腦海中突然浮現了一個畫面：磁鐵、鐵與磁性。這個轉瞬即逝的影像，不知與祢所言的愛之真諦有何關聯？兩者之間彷彿是具有意義的，卻又無法完全理解。

無極瑤池金母

你是否曾思考過，為什麼有些人似乎能夠無條件地愛每一個人、每一件事？這種愛的本質是什麼？

想像宇宙是一個巨大的磁場，而愛就是其中的磁力。磁鐵不會選擇吸引哪種鐵製品，真正的愛也不會有選擇性。當一個人的靈魂意識完全甦醒，進入宇宙規律的頻率時，他就具備了這種無差別的愛的能力。愛具有以下三種特質：

- 普世性：愛可以同時流向伴侶、家人、朋友，甚至陌生人、動物、植物，以及神明。
- 無條件的本質：愛不會因對象的身分、種族、性別或其他差異而改變。
- 包容性：愛就像磁鐵吸附所有含鐵物品，愛能夠包容與吸附所有事物，不受外在因素限制。

✦愛與情感的區別

很多人將親情、友情、愛情，甚至對物品的喜愛都視為愛的表現，也認為這其中內涵了愛的流動。但它們本身並不等同於最純粹的愛，你可以將它們視為一種情感的表現。真正的愛超越了單一偏好，不局限於特定對象或性別，他不會只愛某個女人或某個男人，真正的愛的流瀉會讓他們的靈魂意識自然穿梭在世間。擁有真愛的靈魂，其靈魂意識處於更高的層次。而低層次意識的人，可能會誤解這種無條件的愛，將其視為放縱或不道德。

✦愛的高層次表現

真正達到愛的境界的人，其行為與宇宙頻率和諧一致。他們顯現於外有三種特徵。

- 沒有占有欲：不執著於任何特定對象。
- 無欲無求：不會有「最想要的東西」。
- 行為即愛：一切行為都是愛的自然流露。

愛，就像宇宙中無處不在的磁力，是生命的本質。當靈魂逐漸提升意識層次，便如同強化靈魂意識的磁性，更能與這股宇宙之愛共鳴。記住！生命中每一個微小的舉動，都是這股宇宙之愛的體現。正在聆聽我的話的你，你願意在日常生活中去喚醒靈魂意識進入無條件的愛嗎？

當愛從靈魂深處逐漸萌芽，
那一瞬間，
它釋放了靈魂的狹隘性，
轉化為無止境的無私之愛。

美食家的啟示

關於這部分，對一些讀者來說是艱澀難懂，我必須以另一種形式來說明。

一位真正的美食家不會局限於某一種食物。他們以開放的心態品嚐各種烹飪手法、食材和不同國籍的料理。雖然不同的美食家私下均有個人的喜好，但在品鑑時會暫時放下這些偏好。

同樣，當靈魂來到這個世界，愛的種子就埋在靈魂深處，等待發芽。當這份愛開始綻放時，就像美食家無分別地品嚐各式料理一樣，靈魂會以開放、包容的心態擁抱世間的一切。

試著以「美食家」的心態去體驗生活中的每一個時刻。不論是愉快、悲傷、難過或痛苦的經歷，都要嘗試去品味其中的「味道」。以感受體驗生命中的每一個經歷，它們都是愛的不同表現。

愛超越教育的桎梏

問

在祢的教誨中，是對愛充滿智慧的開示，然而我也生出了新的疑惑。請允許我進一步向祢請教。祢教導我們愛是靈魂的本質，當靈魂降臨人世之時，它便攜帶著愛的種子而來。這愛的能量，本該如清泉般源源不斷地流淌。然而，在這紅塵俗世中，愛的湧現常常受阻，它的成長時而停滯，是什麼力量阻礙了愛的萌芽？又是何種原因，使得愛的流動變得如此艱難？這背後究竟隱藏著怎樣的玄機？

什麼樣的力量扼殺了愛的本質？又是什麼樣的力量禁錮了愛的生長？是千百年來，被注入了偏見、狹隘和二元對立的教育與觀念。

這些思想如同無形的枷鎖，限制了靈魂對生命和世界的真實認知，也阻礙了每個人內在的愛的覺醒。傳統教育所灌輸的觀念是追逐、制約與競爭，以及有心人士所希望呈現的世界未來的樣貌，這些價值觀代代相傳，深深烙印在人們的集體意識中。

在這個框架下，人們必須學會如何適應大眾社會化的標準，以獲得生存和安全感，以及用各種看似安全的方式過著麻木的生活。然而，這種適應往往以犧牲我們內在的真實為代價。人們一方面習得生存於世間的技能；另一方面，卻無意中在心靈深處種下了恐懼的種子，使得人們與靈魂、愛漸行漸遠。

請記住！靈魂的本質是愛。愛不是一種可以透過外在教育獲得的技能，愛亦是靈魂的核心。要重新連結它，需要內在的覺醒和對生命高度的覺知。

宇色！人類並非天生具備自我約束的能力。教育不僅約束了人們的慾望和偏差行為，也糾正了一些過度偏激與扭曲偏頗的思想。然而，教育的約束力同時限縮了思想的範疇，進而影響了愛的流動性和無限可能。真正的愛，超越了道德和教育的界限，它是一種由內而外的自然流露。

世間萬物都具有雙重性。教育雖然在某種程度上束縛了愛的表現，但也教導了情感的專一。然而，承如我方才所言，愛與情感雖然相關，卻是不同的體現。愛是一種更高層次的存在，超越了情感的表面。靈魂擁有強大的轉化能力，當我們意識到愛與情感之間的區別時，我們能夠超越思想的限制，喚醒靈魂的意識，並點燃內在愛的火種。

當愛從靈魂深處萌芽時，便能將狹隘的情愛轉化為宇宙大愛。這種愛如同洪水般洶湧澎湃，不可能只局限於單一對象。它是包容的、無條件的，超越了我們所習慣的界限。因此，擺脫教育所施加的束縛，意味著重新認識自己，重新連結愛的本質。

✦覺醒靈魂深處的愛

不要誤以為人類天生就懂得自我約束，並非如此！這不是人類的天性。教育體系限制了我們的思維範圍，同時也限制了愛的流動性和無限性。愛無法被教導，無法透過教育讓一個人成為愛。愛是靈魂真實而非虛幻的本質，只有透過內在的覺醒和持續的覺知，我們才能讓它在靈魂深處生長。

情愛並非始終專一不變。你要知道的是，在後天的教育、家庭教養、道德觀念和宗教信仰的約束下，情愛成為了我們所期望的模樣。然而，世界上的每一件事都有雙重面向。教育雖然束縛了愛的表現，卻也灌輸了每個人情感專一的觀念。與此同時，靈魂具有強大的轉化能力，它能夠超越意識的桎梏，點燃愛的火花，前提是我們必須深入了解愛的本質。當愛在靈魂深處萌芽時，它會瞬間釋放靈魂狹隘情愛的束縛，轉化為無限延伸的愛。

宇色！我想告訴你一個關於愛的真相：愛就像滔滔洪水，它擁有無比強大的力量，一個已經擁有愛的人，不可能僅對單一對象投注全部的愛。沒有任何一個人與對象能夠包容另一個人全部的愛。

✦愛如大地

如果你不去整理荒地上的雜草，經年累月之下，雜草會按照它原有的樣貌生長，與宇宙規律產生共振，最終雜草和荒地會融為一體。這個大自然的規律之道你一定懂。

同樣地，你可以將愛想像成地球所蘊藏的力量，宏大且洶湧，就像雜草蔓延整片荒地成為大自然的一部分一樣，愛與情愛的關係也是如此。只要給靈魂一段時間，不以某種固定形式束縛靈魂的發展，它們就會產生共鳴並融合。

你必須知道的一件事是，這個世界上只要涉及與人互動有關的問題，例如：婚姻、感情、人際關係、婆媳、夫妻、親子及職場等等，它們發生的根源是什麼？是愛！當一條靈魂愛的流動被阻塞時，就會影響世界的流動，人與人的關係也會失衡，嚴重時甚至會摧毀一個人的價值觀，使心靈世界徹底瓦解，正常流動的愛不會與人產生磨擦。同樣地，如果一個人與某個關係出現問題，相對地也會與其他不同的關係產生類似的問題，皆因愛的不流動而導致一連串的問題。

宇色！我相信你已經聯想到一件事：當一個人成為開悟者、覺醒者、頓悟者，同時也成為了愛，他們的意識會融入宇宙規律的運轉頻率中，沉浸於寂靜之中，與萬物合而為一，不再存有恐懼，充滿祥和。關於這一部分，對愛有更多概念上的理解之後，我們可以進一步討論那些在地球上已經成為愛的人的特質和行為特徵。

愛，超越時間與空間的限制，牽引著宇宙萬物的轉動；
是人類靈魂存在的原由。
靈魂穿越無數次的輪迴和轉世，
然而愛卻往往被遺忘，失去了其聆聽與從心而發的能力。

靈魂的覺醒與生命的解放，
都在述說同一個奧祕：
重新喚醒那無上的力量，
與愛共舞，是靈魂轉世的最高目標。

愛的靈修諦語

愛充滿整個宇宙，擴展至世界的每一處，
超越對象、無分別、無差異。

無極瑤池金母的智慧引導我們重新審視一般人對於愛的認知。祂幫助我們區分並超越世俗對愛的理解，揭示出一個更為廣闊、更為本質的愛的概念。讀完前段無極瑤池金母的靈訊後，將會發現日常所說的「愛情」、「親情」等，可能只是愛的表現形式之一，而非愛的全部。真正的愛，其實遠比我們想像的更加宏大、更加深刻。祂的教導無疑將帶領我們走出狹隘的認知框架，邁向一個更加開闊、更加純粹的愛的境界。

當我的元神意識融入虛空世界時，無極瑤池金母向我揭示了「愛」的至高境界。這個境界展現了愛作為宇宙與引力的神聖共存，是驅動靈魂在輪迴中不斷轉世的原動力。若愛消失，靈魂將失去轉世的動力。

在那一瞬間，我領悟到愛的存在，充滿了整個宇宙。愛不僅是光明、引力和量子，更是靈魂最純粹、最崇高的精神實體。這一靈性啟示幫助我們了解，「愛」遠遠超越了家庭或特定對象的局限。真正的愛是無對象、無分別、無差異的存在。

然而，我們的社會常常教導我們如何追求愛，如何贏得他人的歡心，如何在關係中尋求平衡。有人甚至探討被愛與愛人何者更幸福。這些問題無疑反映了人們渴望從他人身上獲取豐盛感情和穩定生活，並在其中尋求心理平衡與幸福。但從無極瑤池金母的視角來看，這些自古以來困擾人類的情愛問題，並不屬於真正的愛的範疇。愛是牽動宇宙與無數物種運轉的力量，是人類在這浩瀚宇宙中不可或缺的一環。

以上這一靈性訊息將我們的思考提升到更高的層次，讓我們重新認識愛的本質。我們不應再將愛局限於關係式的情感，也不該將生命困在無休止的愛情追求中，只為了滿足對愛的幻想和假設。同時，我們應該反思：為什麼要從他人那裡尋求與生俱來的愛呢？如果能夠成為愛本身，超越愛與被愛的情感關係，不再對它們患得患失，那不正是一種更深層的幸福嗎？

愛是一個深奧而難以言喻的概念，它不能局限於任何特定對象。我們日常所說的情愛，實際上更適合稱之為情感。你可以對男人、女人、小孩、朋友和寵物產生情感，這些都是關係中的情感表現，但它們並不等同於真正的愛。在宇宙中，存在著一種恆定且有規律的運轉法則，這就是人類與大自然共同的生存法則。

愛是宇宙規律下的一種存有狀態，
不受人為的干預而改變。

因其複雜性，愛無法用簡單粗略的形式來定義。雖然在這本書中，無極瑤池金母以各種比喻幫助我們重新認識愛，但最終目的是讓我們在日常生活中保持高度覺知，最終成為一個充滿愛的覺醒者。誠然，這並非易事。我們每天都要處理繁多的事務，包括工作、人際關係、家庭，以及那些無形的情緒、思考和感受。能夠清晰地察覺這些，就是所謂的「覺知」；反之，則是「缺乏覺知」。在現代生活節奏快速的環境中，人們疲於奔命，很少有時間靜下心來感受自己的存在。因此，大多數人看似活在這個世界，實際上卻是在無覺知的狀態中度過，如同在沉睡中生活。換言之，那些你尚未察覺的事物，就是你未曾體驗過的另一個世界。

人類的靈魂經歷了無數次輪迴轉世，逐漸失去了覺知的能力，忘記了這種力量的存在，也喪失了傾聽和順應它的能力。活在沉睡狀態中的人，如同在夢中漫遊，被外界期望、社會角色和二元對立所束縛，追求物質豐裕與社會認同，卻忽視了內在靈魂的豐盛和靈性成長。

只有保持高度覺知的意識狀態，我們才能真正活出自己的天命，釋放生命的豐盛和無限創造力。每個人都有從沉睡中覺醒的潛能。人類擁有極高的意識，可以主動選擇自己的生命方向。當你的意識頻率達到純淨能量的層次，你就能與宇宙同頻共振，進而獲得宇宙的訊息與能量。

當你願意獨自探索內在的自由，
勇於超越社會的束縛和框架，
便能夠覺醒並成為一個擁抱愛的靈魂。

要真正理解愛的本質，我們首先必須將「愛」從狹隘的關係式「情愛」觀中釋放出來。這意味著我們需要放下對「愛」的夢幻和偏見，進而接納事物的真實面貌，順應自然的節奏。如果行為不配合生命的本質與自然平衡，是不可能成為愛。

愛的概念與道家所談的「無為而治」以及「陰陽平衡」有著深刻的聯繫。《道德經》中提到：萬物的生成、變化與消失皆在「有」和「無」之間，在極致與弱化、有與無之間來回穿梭，這正是自然界的法則。只有體悟到這一點，我們才能真正見證愛的存在。

《道德經》說：

事物達到極限時，它會開始向相反的方向變化，
如此的現象是宇宙萬物生命力的體現，
有效地推動事物的運作，也是自然運行的必然。
萬物生成、變化與消失皆在「有」和「無」之間，
在極致與弱化、有與無之間來回穿梭著，這是遵循著自然界的法則。

《道德經》對「道」的描述同樣適用於愛：「道可道，非常道；名可名，非常名。」愛就像這個我們所熟悉的「道」，它無法被確切地描述或界定。當我們嘗試以言語來界定它時，反而使其變得更加模糊不清，但同時它又無處不在，存在於一切事物之中。

愛就像磁性，能吸引所有事物。它是無對象、無分別、無差異的。我們可以將愛視為「道」的一種類比，甚至是「道」的體現。愛與道都是難以改變的宇宙規律，是生命運轉的基本法則。

唯有以全然開放的心去感受生命的本質，我們才能真正體驗到愛的存在。這種體驗使我們能夠觸及佛性、上帝之愛、神之愛的本質。它們都是一種無所不在、不需要特定對象連結卻又包容萬物的存在狀態。透過如此的理解，我們可以超越狹隘的愛情觀，去體驗更加深刻、普遍的愛的本質。

靈魂與宇宙高頻能量共鳴

靈魂意識越純粹無瑕，越能與宇宙更高的能量場產生共鳴。這種共鳴不僅存在於古老的智慧傳統中，也在現代的靈性修練中得到印證。

十三世紀蘇菲主義（Sufism）中流傳著一種神祕而深奧的旋轉舞。這種獨特的舞蹈旨在幫助人的意識脫離日常思維模式。蘇菲舞者透過持續快速旋轉，使靈魂進入一個極度私密的冥想空間。當舞者的思緒與意識完全消融時，他們能夠持續旋轉數小時不止，最終達到極致靜謐的狀態。在這一刻，舞者、心靈與世界融為一體。這種體驗難以言喻，唯有親身經歷才能真正理解：不停地旋轉如何能使意識頻率提升到純淨能量層次。這種狀態與愛的本質密切相關——無須過度用力，只需在行動中保持穩定且充滿生命力，就像蘇菲舞者一樣。

東方哲學中的無為之道

中國《道德經》與印度《薄伽梵歌》分別透過道家思想和印度哲學，探討了「無為而治」和「無為而無所不為」的概念。這些古老智慧其實都在描述愛的不同顯現方式。《道德經》〈第三十七章〉：道如同大自然，自然而然地存在，不需刻意努力，卻又無處不在。它不迎合、不抗拒，只是隨著自然運行而存在，任何情境都是道的一部分。《薄伽梵歌》〈第四章〉則指出：真正能在行動中保持內心寧靜、不受外界干擾的人，才能體驗到無為而無所不為的境界。他們表面上有所作為，內心卻保持靜默，將行動力展現在觀照生命的實相上。這些智者不受功利與外在成就驅使，而是憑藉智慧與直覺，以一種看似無為卻無所不為的方式生活。

愛本身是不可控也不可預期的。如果你的行為出於大腦的計算，帶有強烈的私人動機或目的，而不是源於你的真誠，那麼它就不是真正的愛。愛是靈魂的核心本質，它的產生往往會自然而然地驅使你去做某些事情，而且是不計較代價的。從小，我們習慣按照傳統的方式生活，每一件事都是按照他人的指示去做。教育框架了我們的思想範圍，同時也限制了愛的流動性與無限可能。我們被限制不能夠發展獨立的思考能力，也不被鼓勵展現太多獨特的個人色彩。因此，在東方文化中，愛往往難以從靈魂深處自然發展出來。

喚醒內在的愛

分享一則真實事件，關於我的意識進入異度空間並體驗到愛的意識狀態。

在生命的旅程中，我曾經歷過一次深刻而直接的體驗。這是一種愛的意識與學員意識相互連結、交流的奇妙經歷，值得與大家分享。

在一次教導靜坐冥想的課程中，我闔眼講解冥想技巧，一邊引導學員從頭部慢慢觀察到腳趾。過程中，我也隨著自己的話語而逐步放鬆。就像古往今來眾多靜坐指導者一樣，在引導冥想的同時，我也讓自己進入深度放鬆狀態。

突然間，我經歷了一次奇妙的意識分離體驗。我的身體發生了微妙的變化，一道靈光乍現，讓我進入了一個寬廣無垠的意識空間。雖然我仍在訴說著放鬆的技巧，但我的感知已超越了物質世界的界限。在廣袤無垠的異度空間裡，我感受不到傳統意義上的空間存在。眼前四十位學員彷彿消失了，取而代之的是一團團充滿生命力的能量場。我能感受到他們的存在，是透過一種更高維度的感知。我的意識慢慢地與身體分離，卻仍能感知到身體跟隨引導放鬆，這過程微妙不可思議。逐漸地，我完全隱沒在空間中。原學員的能量場消失殆盡，取而代之的是化成能量的流動。在這個狀態下，沒有彼此的界限、沒有隔閡，一切都融為一體。就在那一瞬間，我頓悟到：當一個人能夠在日常生活中保持這種意識狀態時，他就能與他人無分別地共存於這個空間中。也正是在那一刻，我深刻體驗到了愛的本質。

這次經歷讓我明白，我們的存在遠不止於肉體。當你能在行動中進入靜謐，就能在另一個意識層次中喚醒愛。保持這種狀態，內心便只剩下靜默與安住感。靈魂覺醒、生命解脫、意識昇華及覺性甦醒本質上都指向同一目標：再度喚醒覺察這股生命力量的能力，並與之共存合一。愛不僅是一種情感，更是一種高維度的意識狀態，一種能量的交融。它超越了個體的界限，連結了所有的生命。當我們放下自我，敞開心扉，我們不僅能找到內心的平靜，還能觸碰到生命最本質的部分，感受到與宇宙萬物的深刻連結。

出離經驗不需要特別具備靈通體質，亦不是專研身心靈技巧、宗教修持的人才能夠體驗，體驗出離更不是為了獲得更高深的靈通感應，而是超越自我限制且更有覺知地生活。當你全心全力為一件事付出到不認識自己，超越過往思考框架和行為模式，甚至投入到連你都不相信這是你會做的事，就已經達到出離的境界了。出離的經驗帶來了自由、開放和覺知，使你能夠勇於追求更深層次的意義和存在。

說起來也很奇妙，在那一段的經歷之後，我的生命更富有彈性，能夠在極短時間內從某情境中跳脫，也更能夠快速地在不同場域間跳躍與轉換。在成為愛之前，具有如此出離經驗是重要的。對於修行來說，很多人不知道意識的出離象徵著靈性的轉化，因為在那一瞬間，全然不存在過去、現在與未來。這樣的領悟唯有親身體驗才能真正獲得，而不是透過大腦的理解與認同。

愛超越思考和行動

愛，不僅僅是行為的外在表現，而是一種超越物質的形而上狀態，是存在的本質。它遠遠超越了大腦的思考和利益的權衡。正如我們無法用言語準確描述一呼一吸間所孕育的無限生命力一樣，我們也無法用任何概念完整地定義愛，但是，在擁有它的同時，才能驅動身體去實現內心最深處的渴望。愛也是如此。

愛，不是大腦產生的概念，而是在行動中自然而然、毫無雜念地展現出來。如果愛僅僅是大腦所產生的概念，那麼它就無法稱之為真正的愛。此外，我們不應將愛局限在人類的關係情感中。如果我們如此狹隘地定義它，那麼單身者、隱居者或宗教修士豈不是沒有愛的存在？事實上，不會有一個靈魂轉世來到世間是不具備愛的能力的，這是不可能發生的事情。愛是一種超越個人界限的能量，它連接著我們與整個宇宙。當我們敞開心扉，放下自我束縛，就能感受到這種無所不在的愛的力量。

這正是每一個靈魂輪迴轉世的終極目的。

愛並非來自外在的期待，
而是存在於我們內心深處。
當我們不再追求，
而是在無為中等待，
我們才能真正感受到愛的光芒。

愛的靈修心法修持

每個靈魂的本質都是愛。愛無時無刻都在與我們連結，而它的出現常常伴隨著沉默。在日常生活中，你一定曾感受到不想說話、不想思考、不想與任何人有任何連結的時刻。這時，請不要強迫自己去做任何事，更不要用負面或心理疾病的標籤來定義自己，如憂鬱症、社交恐懼症或繭居族等。

愛的出現，是希望你能暫時脫離人群，回到自己的中心。當你感覺需要獨處、需要放慢步調、想要一個人靜靜時，請跟隨這個靜默的聲音前進，因為那就是愛的源頭。隨時留意觀察自己情感的感受。暫時拋開現實中的身分、地位、性別以及性向等問題，不論你所面對的對象是什麼，一次又一次地察覺內心愛的流動，只需做這件事，就能逐漸喚醒你愛的意識能量。

記住，不要試圖用固定的模式讓自己安靜下來。愛不會在刻意的行為中顯現，而是在寧靜中悄然而至。請傾聽愛所帶來的平和聲音，當它出現時，就安靜下來，觀察它會如何引導你。這正是轉化並體驗愛的一種途徑。

第2章

情與愛的神聖共鳴

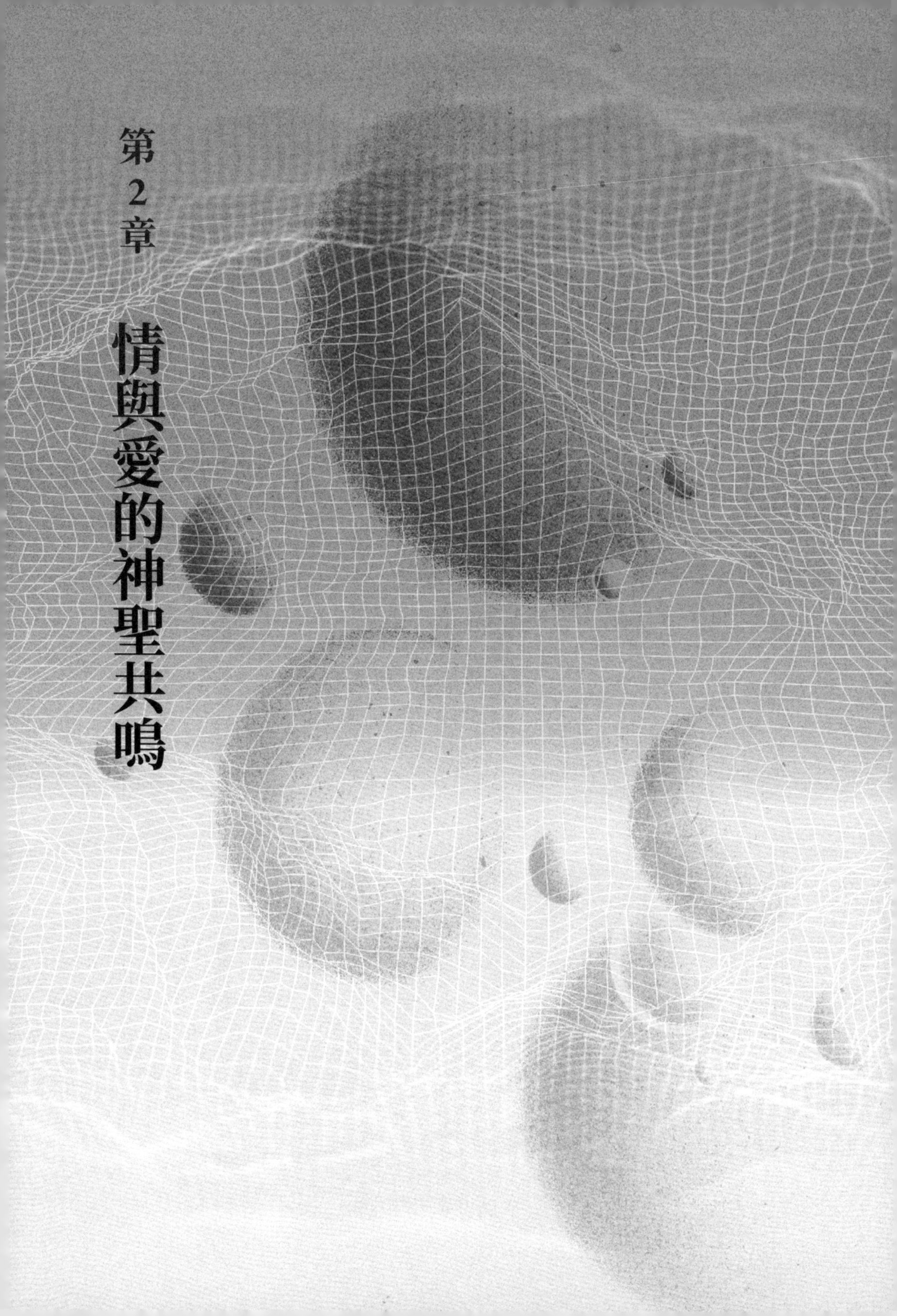

情感無法使一個人的靈魂完整，它缺乏轉化靈魂意識的能量。過度豐沛和氾濫的情感反而可能讓人逃避未來，而缺乏愛的靈魂則可能陷入輪迴之中。輕盈、優雅、空靈是愛的副產物，當你成為愛的存在時，你已經是一位覺悟者。想要擁有愛，首先你需要學會以這樣的心態面對生命中的一切。

——無極瑤池金母

本章承接上一章節，在無極瑤池金母的指引下，我們將更深入探討愛的本質。更重要的是，本章將大篇幅闡明「情感」與「愛」之間的本質區別。

您將透過本章節學會辨識情感與愛的不同，並掌握如何將情感昇華為愛的方法。閱讀過後，你將能在保持人間情感豐富性的同時，體驗到一種更為純粹和普世的愛。

愛超越界限的意識狀態

問

無極瑤池金母，從祢的教誨中，我們逐漸對愛的本質有了些許領悟，也得以窺見情感與愛之間微妙而深奧的區別。但因對兩者定義的混淆，常使我們塵世中的芸芸眾生感到困惑不解，難以窺見愛的全貌。祢在上一章的教誨中，我們明白了，情感似乎是愛在物質世界的投影，而真正的愛則是超越時空的神聖存有。

然而，在日常生活中，我們又該如何超越表象，觸碰到愛的本質？

指引我們，如何在紛繁的世俗中辨別真正的愛？

是否還有其他方法，可以幫助我們更好地理解情感和愛之間的差異？請祢更深入地闡明情感與愛兩者的區別，以便讓我們在生活中，更清晰地感受與表達內心的愛。

宇色！情感是我們在意識層面與特定對象產生的連結，它有一定的範圍和限制。然而，愛卻超越了這些界限。愛是一種無須專注於任何特定對象的意識狀態，它包容一切、自然流動、無邊無際。這正是愛與情感最顯著的區別。

身體由細胞、血液、骨骼和臟腑等基本要素構成。雖然你們可以分別每個器官的功能，但從整體性來看，它們都是「人」與「身體」不可分割的一部分。當我們談論人或身體時，實際上都包含了這些細微的組成部分，不是嗎？同樣地，內在感受投射到外部的各種行為，都是情感表現的一部分。然而，愛不僅涵蓋了所有人類表現情感的行為，更是構成靈魂的重要元素之一。愛超越了心靈層次，是靈魂的力量和動力源泉。

✦愛，超越生命元素與文化束縛

古代的煉金術士、密修士和神祕學家常透過觀察大自然，擷取其元素來形容人內在的不同層面特質。東方文化的五行學說（金、木、水、火、土）、西方的四元素理論（火、土、氣、水），以及印度哲學中的三質（薩埵、拉嘉斯、塔瑪斯），都是這種思維方式的體現。這種作法源於人類對自身與宇宙關係的探索，試圖透過可見的自然現象來解釋人的特質和性格，以及宇宙運作的基本原理。

以四元素理論為例：水代表情感的流動，象徵適應性和潛意識的力量。土象徵堅持和毅力，代表穩定性和實際性。火表達激情和衝動，代表轉化和淨化的力量。風（或氣）則反映思考和理性，象徵變化和溝通。

這些元素理論提供了人們理解世界和自我的框架，以及從抽象的概念進入更為具象化的思想。然而，宇色！你是否想過，當深入思考時，一個有趣的問題便會浮現：為何這些元素中並無愛的存在？愛應該歸在哪一個元素？

愛之所以不屬於這些基本元素，是因為它的本質超越了物質世界的分類。愛不是水、風、火或土，也不能被歸入任何一種自然元素。它超越了任何宗教或文化對自然元素的定義，是一種無法被簡單歸類的存在。

愛的特質是：

- 統攝性：它包含並超越了所有自然元素。
- 全面性：它是靈魂的全貌，不僅僅是某個部分。
- 無條件性：它無須特定對象，亦無須選擇。

這一切的一切既涵蓋所有的元素，同時也隱藏在每一個元素中。愛可以被視為一種更高層次的宇宙力量，它貫穿並連接著所有的存在。它不僅僅是一種情感或能量，更是一種意識狀態，一種存在的方式。

情感和愛之間的區別在於，情感需要與外界的某個對象建立聯繫。它可能是對親人的愛、對伴侶的依戀，或是對事物的喜好。但愛不需要這些，它只是存在，無須理由。

（無極瑤池金母為了讓我完全理解這段靈訊，祂的傳訊中斷許久……）

我無法以人類可以理解的語言形容，我必須帶領你親自去理解它，如此，你才能真正體悟到愛與情感兩者之間的差別。無論選擇哪條路，都是生命的重要旅程。

以下內容是無極瑤池金母帶領我去感受，沒有畫面呈現，閱讀此段時不妨以想像方式來理解。

愛與靜心如同一體的兩面，
只有心靈平靜者才能領悟愛的真諦。

彷彿進入到一片寂靜的異度領域，時間暫停了。這是一個無形的世界，不受外界的干擾，只有純粹的存有。在那裡，我不再是身體、沒有名字、不再有任何角色身分。我只是存在的純粹意識，與宇宙共鳴。這是一個無邊無際的境界，沒有起點，也沒有終點。

漂浮在一片無垠的寂靜中。不再感到疲憊，不再被外界的喧囂所困擾。只是存在，純粹而自由。在這個寂靜的時刻，愛開始流動。它不是情感、不是對某個對象的依戀，而是一種無條件的存在。它不需要理由、不需要解釋，只是純粹地存在。

宇色！愛就是在一片寂靜中發芽，不受限制、不受拘束。它不需要外界的認可，也不需要回報。它只是自然地生長，像一朵盛開的花朵，散發著深邃的香氣，在如此無作為、無有為的意識狀態。

作為人，只要願意，可以選擇走入寂靜，擁抱愛；或者，沉浸在情感的繁複中，追求外在的滿足。這是人們在自由意識下可以做的選擇。

在寂靜之際，愛的神話得以顯現，
正是在靜默的境界，
英雄之旅開始，愛的種子萌芽，
寂靜，是靈魂深處的呼喚，
引領我們走向命運的舞台。

寂靜中的覺醒：愛的本質顯現

生命中的二元性是宇宙的基本原理，情感亦不例外。情感如同一把雙刃劍，既能帶來喜悅的高峰，也可能引發痛苦的深淵。這是因為情感本質上是自我向外界的一種投射，需要不斷地交流與互動來維持。當我們渴望與他人或事物建立連結時，我們同時也接受了這份連結可能帶來的一切後果。

然而，當心與外界建立深厚連結時，便容易受到各種干擾，例如：焦慮、不安和慾望，這是因為心投向外部世界便有所期待。這些外在因素會使靈魂與純粹的愛的意識產生距離。然而，這並不意味著人們就必須完全避免與情感連結。相反地，人們應該從情感當中學會在連結與獨立之間找到平衡。而那些內心平靜、保持中庸之道的人往往較少展現強烈的情感波動；相比之下，那些熱中於外在刺激、喜歡社交、害怕獨處的人，更難以感受到真正的愛的存在。

值得注意的是，宇宙大愛——遵循自然法則運作的愛——並不需要依附於特定對象。它是一種自然而然的存在狀態，不需要刻意為之。這種愛不會被局限於某個特定對象，也永遠不會傷害任何人。如果你認為曾經因愛而受傷，那是你的靈魂被非愛的部分——也就是情感——所傷害。

當你真正領悟到這一點，你的靈性意識將會提升，你將不再重複選擇那些可能傷害你的關係式情感，不是嗎？記住！愛是靈魂的本質，是靈魂與宇宙意識融合的狀態。當愛在靈魂深處綻放時，人會體驗到無以言喻的喜悅與寧靜，這種體驗遠遠超越了普通情感所能帶來的快樂。

✦情感讓生命必須有所選擇

情感需要依附於某個對象，如同鏡子需要物體的反射。在漫長的人生旅程中，人們不斷地選擇：「我喜歡或不喜歡某人」、「我想要或不想要某樣物品」、「我渴望或不願成為某種人」，這些都是情感與世界互動的顯現。

然而，情感還有一個特質——每一個選擇都難以持久不變。無論是學業方向、職業發展、人生伴侶、財務狀況，甚至是我們的價值觀和信仰，這些選擇都塑造了我們獨特的人格特質和生活方式。這無止境的選擇過程，是每個人此生無法迴避的責任，也是靈魂成長的必經之路。

若人們尚未達到純粹的愛的境界，就會發現自己身陷一連串無盡的選擇之中。在這個過程中，人們不斷面對選擇，同時必須處理隨之而來的焦慮、無助與徬徨。然而，正是透過這些挑戰，才能逐漸淬鍊成為愛，超越伴隨著情感之後的無止盡選擇，達到內心的平靜與自在。這是靈魂轉世的旅程，也是每個靈魂此生的終極目標。

不要期望情感能帶給你永恆的滿足，這如同踏在流沙上尋求穩固。當你在眾多選項中做出抉擇，情感便如潮水般將你帶往下一個目標，驅使你不斷尋找新的依附對象，這就是人們常被誤解為喜新厭舊的根源。情感如同河流，永不停息；而未能覺醒為愛的人，便如同被洪流裹挾的漂流者，隨波逐流，無法掌握方向與自由。

面對這樣的現實，你可能會問：「為何人生必須充滿選擇？我們能否超越這種二元對立的思維模式？」這個問題觸及了靈性成長的核心。愛與情感確實是截然不同的意識狀態。當你真正體驗到無條件的愛，你的思維將不再受限於「何者對我最有利」的狹隘視角。反之，你的靈魂將開始與生命和宇宙的頻率共振。在這種和諧的狀態中，你不再需要在事物間做出選擇，因為你已然成為了整體的一部分。愛就是順應天命，與宇宙法則合一。當你達到這種境界，選擇不再是負擔，而是靈魂接應天命的自然流露。

情感如同一層迷人卻也蠱惑的面紗，遮罩著人們的真我。在這層面紗之下，人們無法清晰地洞察世界的真相。誤以為透過占卜預測、專業建議或理性分析就能為未來做出最佳選擇。然而，這種思維方式本身就是一種幻象。

在尚未覺醒到純粹之愛的本質前，人們所做的每一個選擇都仍受限於情感主導的意識狀態。即便做出了選擇，不久之後，依然必須再面臨新的抉擇，這是一個永無止境的循環。事實上，即使你不喜歡某個選擇，但是選擇之後，仍然必須承擔另一個選擇帶來的結果。

但是，這並非壞事啊！也是身為人必經的輪迴過程。生活中的每一個重要時刻都伴隨著選擇：朋友、學校、專業、工作、愛情、婚姻、消費習慣，甚至是購置房產。正是這些看似微不足道的決定塑造了今天的你。這些抉擇不是負擔，而是我們靈性成長的階梯，這不正是生命的奇妙之處嗎？

然而，當你的靈魂昇華為愛時，一切都將發生翻天覆地的變化。進入愛的意識狀態，你的靈魂頻率能與宇宙共振，順應天命的指引。意識不再被困在二元對立的思維框架中，而是超越了此局限，進入更高維度的存在。

宇色！想要達到如此境界並非易事。如果尚未修練到純粹之愛的意識層次，內心仍然充滿豐沛卻變幻莫測的情感，人們就無法逃避生命中每一次的選擇。

✦愛的多樣性與不變本質

愛的萬千面貌，
皆源於同一本質。

情感如同一道光譜，呈現出無數種色彩和形式，卻都源自同一個本質——愛。親情、愛情、友情、同儕之情、寵物之情，乃至各種性向，如同性戀、異性戀、雙性戀，甚至對特定物品的鍾愛，表面上千差萬別。

無論人們用什麼名詞來區分它們，實則都是源自靈魂深處最純粹的情感之泉。這些看似不同的情感表現，不過是真愛在人間的多重化身，被世人以各種標籤加以區分罷了。

就像蛋糕，每個人都有自己對蛋糕不同程度和種類的喜好。即使面前只有一塊蛋糕供選擇，每個人仍然會根據個人的口感、食材偏好和食量大小來決定如何享用這塊蛋糕。這塊完整的蛋糕代表著愛，每個人的選擇行為都是從愛中展現出的情感表達。無論有多少人對同一塊蛋糕切出不同的方式，或者只挑選其中一小部分，它始終是蛋糕，本質依然不變。拿取或捨棄某一項食材並不會改變它被稱為蛋糕的事實，不是嗎？這正是愛的精髓。在生命中所做的一切選擇都是從愛中延伸而來，包括我剛才所提到的不同性向偏好和情感表達，我們必須理解這一點。

愛不會令你身陷難以選擇的囹圄。愛令人無懼，臣服就是愛的體現。成為愛之後，面對生活種種困難與挑戰，真愛會使你以平靜的心迎接它們，不會讓恐懼和焦慮無休止地蔓延。即使生命遭遇無常的災厄，有愛的人也不會感到驚慌和絕望，他們不會在恐懼的驅使下做出失序的行為。

他們洞悉生命的實相，明白世界本就是變幻莫測的。有愛的人，臣服於事物無常的本質。正如我之前所說，那些已經修練至愛的靈魂意識，在尚未覺醒的人眼中，可能顯得過於平靜和無情，但實際上，他們的靈魂意識已與宇宙融為一體，順應宇宙的規律運轉。當你成為愛，你不再受限於表面的情感波動，而是站在更高的層次，觀照著一切的變化。他們明白，愛不是依附於特定的對象或關係，而是一種超越形式的存在。

要明白的是，當你覺知真愛的那一刻，你同時與宇宙頻率共振相應。你所做的一切都將成為天命的體現，而不符合天命範疇的事物都將遠離你。這種看似不可思議的現象，卻是自然而然地發生著。愛不是束縛，而是自由。

宇色！讓我們重新聚焦於情感。情感無法使一個人的靈魂完整，它缺乏轉化靈魂意識的能量。過度豐沛和氾濫的情感反而可能讓人逃避未來，而缺乏愛的靈魂則可能陷入輪迴之中。輕盈、優雅與空靈是愛的副產物，當你成為愛的存在時，你已經是一位覺悟者。想要擁有愛，首先你需要學會以這樣的心態面對生命中的一切。

面對事物、人和各種情境，無論你是否接受它們，都應該學會以一顆輕盈的心與之相處。愛、宇宙以及靈源的核心本質究竟是什麼呢？它們都是一種無限包容、無窮無盡、無拘無束、無界限、無選擇的意識狀態。這一切正是你所提到的無為、涅槃……如此的狀態，讓我們回歸到靈源，寂靜無聲。

即使生命遭遇無常的災厄，
有愛的人也不會感到驚慌和絕望，
他們不會在恐懼的驅使下做出失序的行為。

愛的靈修諦語

情感連結特定對象；
而愛，如同神話般，流動無邊、包羅萬象。
情感或許限制了靈魂的飛翔，
但愛，引領我們超越，於狂喜中自由綻放。

在這段無極瑤池金母的靈訊中，引領我們認識到，日常的情感雖然珍貴，卻常常帶來更多的困擾與不捨，而真正的愛，則是一種更為純粹、無條件的存在狀態。在無極瑤池金母的靈訊指引下，我們認識到三個轉化情感、淬鍊愛的奧祕，幫助我們超越世俗的情感束縛，同時保持與人世間的深刻連結，最終達到更為純真和本質的愛。

祂明確地將我們認知中的愛區分為「情感」和「愛」兩個層面。情感是兩個人之間互動的表現，它包含在愛之中，但並不等同於愛。在第一章中，我們談到的愛是更為無畏、寬廣和無私的。而這裡所探討的情感，更像是一種媒介，讓我們在人世間與他人相處時，得以滋潤和淬鍊我們的靈魂，使之提升到更高層次的狀態。無極瑤池金母特別指出，不論是情感還是愛，都需要在特定條件下才能形成。對於愛，我們每個人無時無刻都站在一個神聖的十字路口：選擇沉浸在寧靜中，成為愛的化身，還是決意讓情感成為束縛？這個選擇，正是我們靈魂自由意識的體現。情愛，滋潤著我們的生命，卻也可能成為我們再次投生輪迴的主要動力。無極瑤池金母曾經指出：「**正因為人心仍有愛，因此，才選擇輪迴。**」這句話的愛是情愛。愛，不僅是生命的驅動力，也是許多靈魂世世代代追尋與探索的核心。情愛是我們人生中對生命最深層的牽絆。

情感是人生旅程中不可或缺的一部分，它如同一面鏡子，映照出我們與他人、與自己的關係。婚姻、愛情、親情和友情，都是這面鏡子的不同面向。然而，我們需要理解的是，這些關係帶來的喜悅與平靜往往是短暫的，伴隨而來的是挑戰、失望、摩擦，以及隨之而來的成長機會，這正是情愛關係的本質，它們不僅僅是為了帶來快樂，更是為了喚醒我們內在的智慧。每一段關係都在提醒我們：外在的連結終將變化，而真正恆久的是我們內心的愛與覺知。

正是在靜謐的氛圍，
愛才得以顯化。

轉化情感為愛的三個奧祕

生命是一場永無止境的選擇之旅。若我們尚未觸及內在的愛的本質，便會發現自己陷入無盡的選擇困境中，伴隨著焦慮、無助與徬徨。然而，這些情緒並非敵人，而是指引我們向內探索的路標。執著於外在的情感關係，就像魚誤入漁網，我們可能會耗費寶貴的時間和精力，卻忽略了靈魂真正的呼喚。這種執著可能阻礙我們聆聽內心的聲音，實現真正的使命，找到內在的寧靜。當我們學會超越情感的束縛，不再被外在關係定義自己時，內在的愛便開始綻放。就像是一顆被岩石包裹的鑽石，經過琢磨終於展現出璀璨光芒。這份內在之愛不受外界影響，是我們與生俱來的本質。透過覺察、接納和放下，我們可以逐漸轉化對外在關係的依戀，開始體驗更深層、更普遍的愛。這種愛不僅滋養我們自己，也能滲透到我們所有的關係中。

那麼，該如何有效地將情感昇華為愛？我想與大家分享我個人三個轉化的方法：

首先，需要認識到一個真理：唯有學會靜默與獨處，我們才能在心靈中開闢出滋養愛的沃土。這並非意味著我們要完全與世隔絕，相反，它是一種更深層次與內在連結的方式。

靜默，是心靈的寧靜；獨處，則是一種深邃的美學體驗。它們讓我們能夠按照自身的生命節奏，以平和而優雅的姿態與世界互動。真正的人際關係和與世界的連結，遠非僅僅體現在表面的交流中。維持心靈的獨立性，同時以尊重和關懷之心對待他人，這才是靈魂本質的交流。也因在這種獨處中所孕育出的靜默，才是真愛的表現。

獨處是自我探索和成長的最佳途徑。唯有勇於面對真實內在感受的人，才能真正感受和散發愛的力量。愛不僅是與外在世界的連結，更是與內在自我的深度交流。如果我們無法接納自己的全部，又怎能與這個世界和諧共處？學習獨處，並非逃避或放棄，而是一種覺醒和淨化的過程。當我們不再被外在事物所困擾，不再為未來焦慮，也不再在意他人的眼光時，我們就能夠真正感受到自己存在的珍貴。在這種寧靜的狀態中，我們會喚醒內在的力量，這股力量將支撐我們的生命，賦予我們堅定和自信。

梭羅（Henry David Thoreau）曾說：「如果一個人不隨著同伴的步伐前進，或許有可能是他聽到了不同的節奏。就由他隨著那旋律走吧，無論它是否協調，是否動聽。」獨處是一種超越語言的神聖境界。在靜默中，我們聆聽內心的聲音；在獨處中，我們發現自己與愛的連結。正是透過這樣的內在靈性旅程，我們才能真正理解愛的本質，並將其散發到生命的每一個角落。

擁抱通往靜謐智慧之路

你一定遇過這樣的人，他們只是靜靜地行走，卻能給予周遭一股寧靜的氛圍。即使他們未做任何事，單是因為他們在獨處中轉化了內在的愛，就能散發出一種力量。這股力量，不言而喻，卻能感染每一個經過的人。

那一年，我與幾位友人前往泰國著名的南傳佛教寺院參訪。在黃昏時分，我們一行人穿過禪房、休息區和講堂，親身感受出家人的日常生活。當夕陽西下，整個寺院籠罩在一片金黃之中，南傳僧侶開始他們的日常清潔工作。就在這時，一幕景象深深烙印在我的心底，至今難以忘懷。我看見一位年輕的出家人，手持掃帚，獨自靜默地打掃著。他不與人交談，只是專注於當下的清掃工作。從他的眼神和身體姿態中，散發出了難以言喻的氣質——一種純粹的寧靜。這份寧靜之力如此強大，讓人不禁為之震懾。我體悟到，這正是享受寧靜的真諦，也是這份所蘊含的無形力量。真正的寧靜不僅是外在的環境，更是內心的境界。這種寧靜能淨化心靈，喚醒沉睡的靈性，引領我們走向更高的精神層次。

在生命的旅程中，學會獨處是每個人必修的靈性課題。適度的獨處不僅能釋放情感束縛，更能喚醒內在的愛與覺知。就像環遊世界多年的旅人卸下沉重行囊的那一刻，我們的心靈也能因獨處而獲得前所未有的輕盈與喜悅。獨處為我們提供了深入思考生命意義的珍貴時刻。在這份寧靜中，我們得以更真實地活著，體驗內在的平和與自由。然而，選擇擁抱獨處意味著我們勇敢地踏上了一條有別於常人的道路。

不可否認，許多人害怕獨處，將其與孤僻、寂寞和不合群劃上等號。人類天性中對群體的依賴和對寂寞的恐懼，使得許多人難以面對獨處。這解釋了為何許多人一回到家就迫不及待地打開電視、手機或音響，用聲響填補內心的空虛。甚至有人因為無法面對空蕩蕩的房子，而選擇在外逗留。真正的愛在於認識到：獨處並非孤獨，而是與自我相遇的機會。在靜謐中，我們可以聆聽內心的聲音，梳理思緒，重新連結自己的本質。

更坦率地說吧！在那些熱愛喧囂、樂於閒聊、追求社交且畏懼孤獨的人們身上，感受到真正的愛是有困難的。如果一個人無法理解孤獨的美，無法與自己內在和諧共處，他們就無法體驗到寂靜帶來的平和與安詳。即使投入再多的努力和財富去學習各種身心靈的技巧，也無法將靈魂提升到更高的境界，更不用說達到愛的層次。

然而，我們要區分真正的獨處和固執己見的孤立。後者認為自己的觀點高人一等，最終導致與他人和宇宙大我的疏離。真正的孤獨修行，是讓我們更加謙卑，更能感受到與萬物的聯繫。我想要強調的是，孤獨讓我們意識到宇宙中存在著不可改變的規律和秩序，這些規律是人類與大自然共存的基礎。愛，就是那股推動宇宙運行、連結無數生命的力量。它是一種無形的秩序感，維繫著世界的和諧與優雅。只有當我們進入這樣有序的空間，我們才能在與世界的互動中找到自己的使命。

除此之外，獨處能讓靈魂變得更清明、輕盈，這對於辨識並避開那些處於低層次意識的人至關重要。這些人往往充滿怨言，對命運不公、伴侶、工作環境或同事有諸多不滿，卻從不自省。他們喜歡散播閒言碎語，甚至在不相干的事情上也要發表意見。長時間與這些低層次意識的人相處，會消耗我們大量的精力和時間，並可能帶來不必要的困擾。我們不需要完全孤立自己，但應該精心選擇我們的社交圈，將時間和精力投入到那些擁有高層次靈魂意識的家人和朋友身上。這樣，我們可以更專注於與自己靈魂的連結，並從這些關係中獲得正能量，進而提升生活品質和內在的平靜。

靈魂具有強大的轉化能力，

能掙脫意識的枷鎖，燃點愛的火種。

然而，要達到這樣的轉變，

你必須先深入探尋愛的本質。

二元的世界，沒有人是自由身

將情感昇華為愛的第二個方法是：勇敢地面對那些曾糾纏我們心靈的情感回憶。這些情感不僅包括愛情、親情、友情，也包含了所有曾在人際交往中造成創傷的情感。這些經歷，正是我們靈魂成長的基石。要知道，每一位曾與我們情感相交的人，都是我們生命中的靈魂導師，他們幫助我們連接宿命，完成生命的課題。從靈性的角度來看，生命中出現的每一個人，無論善惡，都與我們的緣分相連。緣分深的人自然走得更近，緣分淺的人則逐漸遠去，而無緣的人則不會進入我們的生命舞台。這種觀點並非逃避現實，也不是盲目樂觀，而是讓我們正視每一個人與我們的宿命和業力之間的關聯。

那麼，為什麼面對過去與這些人的糾葛，能幫助我們將情感轉化為愛呢？因為情感本身就是愛的一部分。當我們否定情感時，我們也在否定愛的存在。換言之，愛能讓我們的情感更加豐沛，但如果否定了情感，我們就難以達到靈性的覺醒。例如：藏傳佛教中的著名瑜伽士和詩人密勒日巴（Milarepa），他年輕時因家族糾紛而學習巫術報復，造成了不少災難。但後來，他深刻反省自己的過錯，在師父瑪爾巴（Marpa）的指導下，投入修行，最終成為一位偉大的成就者。近代佛教大師弘一大師，在成為佛教僧侶之前，也有過豐富的世俗和情感生活。因此，我認為許多修行者如果沒有經歷過情感的洗禮，他們很難達到真正的覺悟。正如無極瑤池金母所言，愛與覺悟是相通的，它們是同一的真理。

在生活中，我們每個人都扮演著多重角色。有時我們是被傷害的一方，有時我們又成了傷害他人的源頭。這並非簡單的善惡二分，而是生命複雜性的展現。我們可能曾經遭受職場的不公平對待，或在家庭中受到欺凌和傷害，也可能經歷其他形式的不幸。同時，我們也可能在言行上對他人造成困擾，甚至成為加害者。如果你能夠體會這一點，那麼我們可以嘗試以更寬容的心態去看待那些曾經傷害我們的人。這樣做不僅是饒恕他們，更是一種釋放內心怨恨和痛苦的方式。當我們這樣做時，我們不僅承認並接受自己過去的錯誤，更重要的是，這有助於我們的靈魂意識進一步提升至更高的層次。無極瑤池金母曾經如此教導我：「在生活中，每個人都不是真正的自由身。你可能以為你是自由的，但實際上，你的言行與說話都受到背後業力的操控。你只是業力與宿命的僕人。」

這段靈訊聽起來令人難以置信，但仔細思考後，其實不難理解。在生活中，我們每個人都有過不負責任的行為。例如：可能以工作為藉口，在重要時刻缺席家庭聚會，或者未能遵守對朋友、伴侶、孩子的承諾。即使知道自己的財務狀況不佳，也可能選擇忽視而不是積極解決問題。在生活、感情、婚姻和家庭中，也可能有過不當行為，如陷入不倫戀、外遇、背叛、性騷擾他人，或者為了個人利益而損害他人權益。當我們回顧過去，經常對自己的行為感到後悔，甚至困惑為何會做出這樣的選擇。這是因為生命是由過去的業力和宿命編織而成，我們的言行和選擇都在無形的力量之下進行。無論是批評、攻擊還是喜愛，背後都是業力的牽引。每個人都受其控制。換句話說，沒有人是故意要傷害我們的。他們的行為只是受到過去所造業報的影響。如果你同意這一觀點，當你回顧過去時，將能夠理解為何自己會做出某些偏頗或錯誤的選擇，例如：外遇、說錯話、做錯決策、與朋友發生爭執等等。

事實上，犯錯是人之常情，我們都曾因言語或行為的失誤而傷害他人。與我們相遇的每一個靈魂，不論在我們生命中留下何種印記，都是受到業力的引導。當我們換位思考時，我們會發現，面對過去不如接受現在的自己更為重要。這樣做能讓我們從更寬廣的視角回顧過去的情感，並重新評估自己的各個階段。

我們可以重新定義過去的每一個情感，無論是快樂、悲傷、創傷還是痛苦，都可以視為我們靈魂成長的養分。這些情感豐富了我們的經歷，讓我們學會了如何成為更好的自己。當我們學會接納自己的每一個階段，便能夠更自由地活在當下，同時對未來抱有希望。

面對那些在情感上傷害過我的人，我學會了用一種全新的視角來看待他們的行為。這種方法不僅適用於感情關係，也同樣適用於處理來自朋友、同事或其他人際關係中的傷害。我的轉化方式很簡單，卻極具力量：我不斷提醒自己，如果對方真正意識到他們的行為會造成傷害，他們很可能就不會那樣做。這個想法與無極瑤池金母對我的教導相呼應：「**每個人都只是業力和宿命的執行者。**」當我們深入思考時，會發現許多人在做出傷害他人的行為時，並沒有充分考慮到後果。這並不是為他們開脫，而是認識到人性的局限和生命的複雜性。我們每個人都可能在不經意間傷害他人，這正是作為人的一種無奈。

透過這種方式審視世界，我逐漸領悟到：世界上並沒有絕對的「壞人」。反之，我們看到的是無數受困於自身業力和局限的靈魂，他們正在自己的成長道路上跌跌撞撞地前行。

這種觀點不僅幫助我釋放了對他人的怨恨，也讓我更加寬容地看待自己的過失。我意識到，我也有可能曾在不自覺的情況下傷害過他人。這種內在轉化的技巧，實際上是一種由情感轉化為愛的過程。它幫助我們超越了簡單的受害者心態，進入一個更加開闊、充滿理解和智慧的愛的意識狀態。我們不再被過去的記憶所束縛，而是以更加開放和慈悲的心態面對生活中的每一個人和每一種經歷。

超越二元對立，方能看見愛

情感有著多重的面貌，
但它的本質依然是愛，
只是被我們區分成不同的表現方式。

情感轉化為愛的最後一個方法，也是對某些人來說是最困難的部分，就是在面對世界上不同性向的人們時，以開放與非批判的心態觀察他們對情感的表達，包括異性戀、雙性戀、泛性戀及跨性別者。在這個世界上，每個人都在經歷著一場獨特的旅程，那就是將情感轉化為愛的過程。這不僅是靈魂輪迴的一部分，也是我們共同的靈魂轉世經驗。在這個過程中，沒有任何人站在更高的層次。當我們以這樣的態度去看待這一件事，便能明白，實際上每個人都在進行著從情感到愛的靈魂意識轉換期，不論他的性向為何。

包容並不意味著你必須與不同性向的人成為密友，而是你需要有意識地調整內在世界，並重新看待和欣賞這個世界的多樣性，以開放的心胸接受多元的情感表達。當你能夠做到這一點，對於那些想要將靈魂意識從情感轉化為愛的人來說，無疑是一大助力。換句話說，你的靈魂意識是富有彈性的，沒有太多的隔閡和區別。相反地，如果你對於多樣化的世界已經設下強烈的界限，那麼這也反映出你的靈魂意識的狹隘和限制。

為什麼有些人這輩子會成為同性戀者或擁有其他多元性取向呢？無極瑤池金母提供了一個答案，或許我們可以從中發現每個靈魂在轉世過程中的平衡與獨特性。

心性太過陰（陽）性，下世轉為陽（陰）性身軀，是順應宇宙的中道，然而，為了平衡累世過多陰（陽）性的心，今世就可能是同性戀，這僅是靈魂轉世的過渡期，亦是靈魂轉世的常態，任何人都無須以異樣眼光看待。

我們必須尊重與陪伴任何靈魂轉世的過渡期，此乃靈魂寶貴的轉化期。

今世為同性戀，有較多人是為在今世圓滿累世過盛或太弱的心性，亦有絕少部分的同性戀是為了在今世體驗與處理所有的男女情感課題，以期盼今世便了斷輪迴。然而，這並非易事，必須是大智慧與正知見之人，才能跳脫與化解今世發生在眼前的男女情感課題。

將生命跳脫出短暫的一生，放大來看，每一個人在輪迴轉世階段都會成為同性戀，那是靈魂轉換的過程，也是順應宇宙平衡的機制。身為人，你必須尊重今世異於自己性別、宗教信仰的人，其中當然也包含了性向。生命不是只有一世，尚未解脫之前，每一世都是生命的一部分，今世看輕異於自己的人，下世必會遭受異樣眼光的待遇，這也是因果。

在尋求喚醒愛，並期待因愛的覺醒而帶來生命改變的同時，我們必須先進行一些內在的準備工作，以符合愛的真正本質：無限的包容、無盡的擴展、自由的流動、無界的存在以及無條件的接納。這意味著我們必須學會謙卑地接受、理解和尊重那些與我們情感世界不同的人。只有透過內在觀念的轉變，我們才能提升靈魂意識的轉化能力，進而達到更高的靈性層次。

面對事物、人和任何一種情境，
不論你是否接受它們，
都要學習以一顆輕盈的心來與之相處。

愛的靈修心法修持

從情感昇華為愛是一段漫長而深刻的過程。反覆且務實地操練本章節所教的三個轉化方法，這三個方法是我私人修練的靈修法則，同時也是有次第地的步驟，讓自己的靈魂從物質轉為精神，從情感轉為愛。

- 學會靜默與獨處：這是最基礎也最重要的一步。在寂靜中，我們能夠聆聽內心的聲音，面對自己的恐懼和不安。
- 勇敢面對過往的情感回憶：當我們能夠獨處時，那些曾經糾纏我們的情感記憶便會自然浮現。我們需要以平和的心態去接納和理解這些經歷，而不是逃避或壓抑。
- 以開放與非批判的態度面對不同性取向的人：這一步驟將我們的視野從內在擴展到外在。當我們學會接納自己後，也能夠更容易地接納他人的不同。

這三個方法是我個人的修練法則，它們呈現出由內而外、由簡單到複雜的發展脈絡。從學會與自己相處，到面對過去的情感，再到接納他人的不同，每一步都在淬鍊我們的靈魂，幫助我們從物質層面提升到精神層面，從情感層面昇華到愛的境界。反覆練習這三個階段，你會發現心逐漸地變得更加柔軟、慈悲，更能體會和實踐真正的愛。這種轉變不僅影響我們的內在世界，也會反映在我們與外界的互動中，讓我們的靈魂意識更趨近於純粹的愛的狀態。

安住在深度的心靈狀態，
遠離了俗塵束縛，
當下的寂靜就是愛。

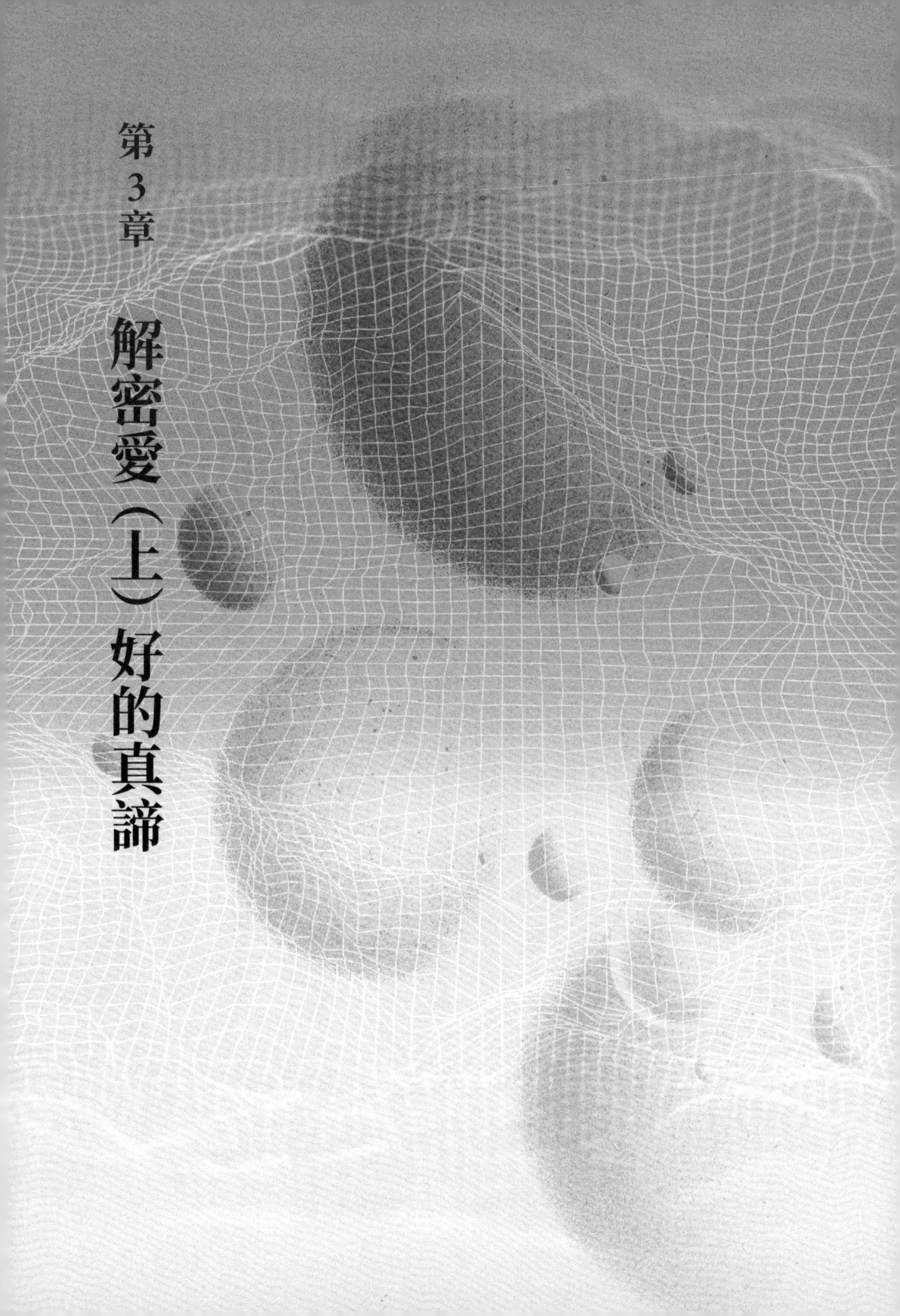

第3章

解密愛（上）好的真諦

「我對自己好」是一種對生命的深刻敬意，無愧於自我的內在確認。這種「好」，超越了物質的依戀，昇華為更高層次的意識覺醒。

——無極瑤池金母

本章是本書的重要轉折點，我們將開始深入探討愛與我們自身之間的真實關係，這可能會徹底改變我們對「愛自己」的理解。在向無極瑤池金母詢問如何愛自己之前，我內心充滿了不確定和懷疑。「愛自己」似乎僅僅成為身心靈領域中的一個口號，一種心靈雞湯的標配。然而，透過前兩章與無極瑤池金母的對話，我逐漸認識到，真正的自愛遠非坊間所理解，局限於表面，如自我慰藉、享受短暫的愉悅，或照顧物質上的需求。

問

無極瑤池金母！請允許我向您請教一個關於愛的問題。在身心靈與新時代思想中，經常會聽到許多關於「愛自己」的觀念。愛是一種強大的靈魂力量，唯有愛自己，才懂得愛他人。坊間也有不少相關的理論與作法，但應用在現實生活中卻是一大挑戰。請問無極瑤池金母：

什麼叫做愛自己？這看似簡單卻深奧的境界，一般人真的有可能達到嗎？

在我們的日常生活中，有哪些具體的行動和修行，可以幫助我們真正實現對自己和他人的愛？

我們應該如何在每一個當下中體現這份愛？

如何才能更明確地實踐「愛自己」的真諦，讓我們的靈魂與宇宙的愛融為一體，成為真正愛自己也愛他人的開悟者？

好與愛，都是超越物質，通透生命的體現

無極瑤池金母

「愛自己」與「愛他人」都以愛為出發點，但在談論愛之前，你們必須先思考一個核心問題：「什麼是對自己好？什麼是對他人好？」只有當人們真正理解了「好」的意涵，才能進一步探討愛的真諦。未能領悟「好」之前，無法真正理解「愛」。這是一個深奧且多層次的概念，超越了表象，深入靈魂的深處，是每個靈魂必修的課題。

人類天生追求自我利益，這是你們生存本能的一部分。然而，當談論「對自己好」時，你們真正指的是什麼？許多人誤將物質追求等同於自我關愛，將內心的空虛投射到外在世界，以為金錢和物質可以填補靈魂的缺

口。這種對「好」的誤解，不過是一種隱藏在物質慾望背後的貪婪。

人們追逐財富、奢華房產、昂貴跑車、閃耀鑽石、名錶和高端時尚品牌，卻發現這些並不能帶來真正的滿足。為何這些看似令人嚮往的物質成就，最終卻是空洞無物？因為這些並非真正的「對自己好」。

那麼，什麼才是真正的「好」呢？當你們停止無謂的憂慮，減少心靈的紊亂，釐清糾纏的思緒，避免沉迷於過去的傷害，擺脫那些導致心靈混亂的不良習慣，你們才能真正地對自己「好」。這種「好」，它是內在的平靜、對過去傷痛的釋放、對混亂思緒的整理；更是對自我真實的接納、對生命深處呼喚的回應、靈魂層面的自我關愛。

「好」無法以具體方式呈現。「好」是一種看不見的溫柔，無法觸及卻能深刻感受的存在。當你們說「我對自己好」或「我對你好」時，這不應僅局限於物質的給予。購買喜歡的物品以犒賞自己或他人，或在生日與節慶時享用一頓豐盛的美食，這些都不足以代表真正的「好」。

「好」是一種輕盈的氣息，一種悠然自得的態度，一種清澈透明的洞察力。它是對生命的深刻理解，對存在的全然接納。當你們將「好」放置於物質世界，它不應被視為物質的數量或價值，而是對當下生命所處位置的深刻體悟，與環境和諧共處的平衡之道。這是一種生命的完滿與美好的圓融。

當你對自己說「我對自己好」時，你其實是在向自己的生命中注入善意、正能量和積極的力量。你深刻理解生命的需求，並以愛回應生命對你的呼喚。「我對自己好」是一種對生命的深刻敬意，無愧於自我的內在確認。這種「好」，超越了物質的依戀，昇華為更高層次的意識覺醒。

你是否曾經深入思考過「我對你好」這句話的真正含義？事實上，這句話本身並不足以完整表達出全部的意思。正如我方才所說，「好」是無法僅在物質層面上呈現的。因此，一般的「我對你好」通常是滿足對方的感受和物質需求。但人性是複雜且難以完全理解和滿足的，尤其是那些尚在靈性迷霧中的人，他們不清楚自身的生命本質，又如何能透徹地了解他人的生命呢？因此，無論你和對方的關係如何，你都無法真正滿足對方身心靈上的「我對你好」。

說出「我對你好」之前，

我已深刻地探索生命實相，
善待自己的靈魂，
維持心靈的高貴與優雅。

✦真實體現「我對你好」的深層意涵

如何才能真正地向他人傳達「我對你好」？說這句話的人，需要對自身生命有著深刻的洞察，靈魂已達到通透的境界。唯有如此，才能將這種高尚的心靈狀態轉化為對他人生命和整個世界的真摯關懷。因此，在你想要對他人說出：「我所做是對你好」之前，不妨先靜心思考：你是否了解自己的生命本質？你是否努力洞悉生命的實相？

一般人理解的「好」僅停留在表面的關心、照顧和體貼，就像父母對待孩子；伴侶之間的相處。然而，當對某人說「我對你好」時，這句話應該蘊含更深層的意義。它不僅表達了你對對方的關心和在意，更重要的是，它體現了一種尊重和智慧：

- 不過度干涉：尊重對方的生命歷程，不論他與你的關係如何親密。
- 無私無求：不應懷有從對方獲取好處的念頭，也不該期待對方的回報。
- 不執著改變：不應抱持改變對方生命的企圖。
- 平衡優雅：在心靈層面與對方保持優雅而恰當的距離。

做到以上四點，才能真正符合「我對你好」的本質。「好」，它超越了世俗的理解，體現了一種高尚的生命智慧和靈性覺醒。它是無條件的關愛，對生命本質的深刻理解和尊重。

✦祖先業力與血源共振不可割斷的聯繫

要理解「好」的真諦，需深入探討靈魂意識中更高的靈性維度。「好」是對生命本質的尊重與愛的體現，不僅僅局限於物質上的給予或表面的親密，更是一種心靈的共鳴和靈魂的契合。在親密關係中，真正的「好」體現為對他人靈魂成長的關注與支持，學會尊重對方生命的需求，而非僅僅滿足其外在的期望。這意味著給予對方更多的選擇與自由。

當一個人宣稱「對自己好」或「對他人好」時，這個人必須對「生命的存有」有著深刻而全面的理解，以避免偏離自身的天命軌道或做出不當的行為。當靈魂意識達到這樣的境界時，生命便會維持在一種規律的頻率中，與世界保持和諧優雅的狀態。然而，這種深刻的理解在現實生活中並不常見，尤其是在親子關係中。

在親子關係中，「好」的意義超越了日常的照顧和關心，它承載著對宗族的尊重與智慧的展現。父母對子女的關懷已然超越了單純的「好」與「壞」的層面，它是一個更為深邃複雜的靈魂課題。

許多父母常常宣稱「我愛我的孩子，我對我的孩子很好」，但這種想法是不夠完整的，甚至可能是誤導的。真正理解生命本質的人，其靈魂意識會處於一種寂靜的狀態，不會對任何人的生命做出不必要的干涉。在親子互動中，這種理解會自然而然地引導雙方處在和諧的意識頻率中。

當父母強烈希望孩子按照自己的想法行事，並聲稱「這一切都是為了你好」時，實際上已經偏離了「好」的本質定義。真正的「對你好」建立在對生命的深刻理解之上，這種理解使人達到「對自己好」的層次。在這個層次上，人不會妄為、不會躁動，而是保持內心平靜，心靈處於寂靜狀態。這種狀態下，人不會有傷害自己或他人的想法，只是靜待生命自然展開。

達到這種境界的人，必然能夠看到並接受他人生命中的各種可能性。因此，當父母告訴孩子「我所做的一切都是為你好」時，他們不應該強求孩子做出符合自己心目中「好」的行為。相反，他們應該理解並尊重孩子生命的獨特性和多樣性，讓孩子在自我探索和成長的過程中找到屬於自己的道路。然而，這種高度的覺知和理解並非易事，尤其是在複雜的親子關係中。對於大多數尚未達到完全覺醒狀態的父母而言，在親子關係中能夠做到的最大程度可能是說：「我關心你」、「我關注你的生活需要」、「我努力讓我們保持和諧關係」。這些表達雖然簡單，卻已經體現了一定程度的關愛和理解。

✦親子關係中愛的轉世課題

然而，若想在親子關係中實現更高層次的靈性發展，父母首先必須回歸自己的內心世界。這個過程包括清空所有被社會制約的舊有觀念，深入觀照自己的生命，並對生命本質有更加深刻的理解。只有透過這樣的自我覺醒，父母才能避免將社會標準化的期望強加於孩子身上，而是以無條件的關懷和包容來對待孩子的行為和人格。這種覺醒的親子關係允許孩子犯錯，並在他們探索自我生命意義的過程中給予陪伴和支持。透過這種方式，孩子的靈魂將有機會擺脫祖靈的負面影響和不良的血緣共振，逐漸成長為真正的自己，成為世界的一個獨特而和諧的部分。

正是由於這種深層次的理解是如此難以達成，因此許多親子關係中常常出現矛盾和衝突。當父母懷有改變孩子人格的念頭時，他們的靈魂已經偏離了天命軌道，失去了內在的優雅。這種偏離立即破壞了親子關係的和諧，扭曲了孩子原有的人格與特質。在這種情況下，父母實際上已經無法真正地說「我愛你，我對你好」。

許多親子衝突的根源在於，父母一方面宣稱「我所做的一切都是為了你好」、「我愛你」，另一方面卻試圖改變孩子的個性特質，使其符合社會標準。同時，他們還強迫自己扮演符合社會期待的標準父母角色。這種相互矛盾且不可行的作法，正是許多惡劣親子關係陷入不停循環的原因所在。

重要的是要認識到，這些表面上的愛與關懷並非來自真正「對自己好」的人。這種淺層的理解無法徹底處理好親子關係中的轉世課題。

在日常生活中，許多人沉浸於瑣碎事務，忽視了聆聽內在聲音和珍惜生命本質的重要性。這些人的思維和行為未能與宇宙的正道相契合，他們的靈魂也難以提升到更高的意識頻率，無法朝著更美好的方向發展。他們往往只關注自身需求，無法真正體會對生命的關懷，更遑論愛的真正體現。

當這樣的人說「我對你好」時，他們無法表達出「好」所能涵蓋的深層意義。他們的觀念和行為方式源自於低層次的意識，只關心自己的利益，忽視了他人生命的存在價值。然而，真正的「好」所蘊含的善意和關愛，是超越物質層面的。它需要更深入地認識自己和他人，以理解生命的本質和實相。

愛的靈修諦語

愛是超越凡俗，如浩瀚宇宙，
愛自己，靈魂徹底覺醒，如沐光芒。

愛，不隨意說出口

這段靈訊深入探討了「愛」跟「好」，無極瑤池金母對此的解說非常詳盡也非常的龐雜。因此關於「愛自己」的這個部分，我將放在下一段章節。

讓我們回到這一段靈訊。當你閱讀這篇靈訊時，或許會感受到一股強烈的情感，並意識到無極瑤池金母並未直接回答我們對於「愛自己與愛他人」的疑問。祂沒有以直接的方式來解釋我一開始所提出的問題，而是將其分解成三個層次來深入探討。最高級別是「愛」的層次，接著是「善待」的層次，也就是我們常說的好，最後是「關懷」的層次。無極瑤池金母將愛分為三個層次，其用意深遠。祂意在告訴我們：真正靈魂覺醒的人，必然對自己所言所行了然於心。一個真正覺醒的人就是愛，絕不會輕易說出「我愛你」或「我愛我自己」這樣的話語。

無極瑤池金母想要讓我們明確地理解一件事情：「如果你想要讓自己的靈魂覺醒，那麼你所說的每一句話都必須與你的行為和感受相一致。」換句話說，對於愛的不同層次和細微差異，你必須有清晰的理解和體驗。只有這樣，你才能以更精確的語言來表達它們的深度。一個真正靈魂覺醒的人，他的言行是精準的，不會用過多的言語和文字來表達，言行一致是他們的特徵。他們甚至可以完全保持沉默，因為當靈魂充滿愛時，愛的能量已經在宇宙中流動，不需要多言。

你是否曾經思考過，什麼樣的人會不斷地宣稱他對你有多好，說他所做的一切都是為了讓你得到更好的東西？有些政黨會不斷宣稱他們是最優秀的，他們的制度是全世界最公平、公正和文明的。同樣地，某些宗教會援引預言來宣稱他們的主事者是唯一的救世主，他們的教派是唯一能帶領人類走向更高境界的。這些言辭背後都蘊含著強烈的意圖，他們試圖透過這些宣稱來影響並剝奪他人的自由和資源。然而，真正關心人民的政黨、國家或宗教組織不需要不斷強調自己的善意和愛。一個真正充滿愛的組織，它的存在本身就能讓人們感受到它的影響力和關懷。

在古代，有位智者渴望見識不同國度的風土人情。他聽聞有三個國家的國王以不同方式治理著各自的國家，於是展開了一段探索之旅。

當他來到第一個國家時，正好豔陽高照，眼前有一位正在努力耕作的農夫，於是他向農夫詢問：「你們的國王在哪裡？」

農夫抬起頭來，擦了擦額頭上的汗水，說：「國王？那是什麼玩意兒？我們這兒沒有什麼國王。」智者有些驚訝地問：「國王是一個國家的最高統治者，你怎麼可能不知道呢？」農夫挖了一下土，繼續說：「統治者？我們這兒沒有人統治誰。我們各自做著該做的事，跟隨著大自然的節奏。沒有人越過自己的本分，也沒有人脫序行事。我們每個人都順應著天道，在這片土地上過日子。」聽了農夫的回答，智者感嘆道：「這個國家的統治者已經超越了一般人所能理解的境界。他以一種無為的態度存在於這個國家中，不用任何約束性的法規來治理，而是將愛的能量遍滿整個國度，讓人民沐浴在宇宙的規律之中。」

來到第二個國家，智者看到一位老婦人在井邊打水。他問了相同的問題：「這個國家的國王在哪裡？」

老婦聽後，臉上露出溫暖的笑容，開始滔滔不絕地訴說起他們國王的優點：「自從我出生以來，國王就一直為我們著想。他總是為我們的福祉努力，讓每個人都過上安康富足的生活。我們這裡從來沒有戰爭，晚上睡覺都不用關門窗。所有人民在國王的庇護下都安居樂業。」

智者聽後，有些驚訝地問：「那麼妳見過國王嗎？」老婦搖了搖頭，繼續說：「我已經快一百歲了，從未見過國王的樣貌。但我們每個人都感受到他的存在。他從不給我們任何壓力，卻總是適時地提供我們所需。他的關懷總是那麼自然，沒有任何強迫或意圖，只是體察我們的需要，然後去滿足。」智者聽後不禁感慨：「這個國家的國王充滿慈悲，擁有智慧。他對人民的關懷保持適度的距離，為人民做了許多事情，都是因為體察民意而行動。他不帶任何意圖或企圖，只是感受人民的需要而去滿足，這就是第二個國王的治國之道。」

最後，智者來到第三個國家。一踏入這片土地，他便被一陣激烈的爭論聲吸引了過去。只見一群人圍在廣場中央，憤怒地批評著國王：「這位國王只知道剝削我們，無視我們的困苦！」一位農民揮舞著拳頭，一臉不滿與不悅。「他根本不在乎我們的死活！」另一位婦人激動地附和著，雙眼滿是憤怒的火光。智者心中不禁暗想：這位統治者可能不得人心。然而，當他繼續前行，走到下一條街道時，迎面而來的卻是一場盛大的遊行。鼓聲震天、彩旗飄揚，遊行隊伍中的人們滿臉笑容，高聲讚揚著國王的仁義與慈悲。「國王帶領我們征戰四方，為國家奪得更多的領土，讓我們過上了富足的生活！」一位身穿華麗服裝的商人興奮地說：「他是我們的英雄，我們的保護者！」一位青年高舉著國王的肖像，高喊著口號，聲音中充滿了崇敬。

智者站在街道的兩邊，感受到兩股截然不同的情感交織在一起。他意識到，這位國王是真心想要統治好國家，但他的每一個行為都必然帶來褒貶不一的評價。他必須接受自己行為背後所引發的各種聲音，這是無可避免的。站在這個喧囂的國度，智者深深感嘆：「無論多麼英明的統治者，都無法完全迎合所有人的期待。每個決策、每個行動，都會在這片土地上激起不同的回響。在這樣的環境中，國王必須擁有無比的智慧與勇氣，才能在眾聲喧嘩中堅守自己的信念，帶領國家走向更光明的未來。」

在這個故事中，三位國王分別象徵著無極瑤池金母所提到不同愛的層面。第一位國王代表著自然流動，無為的愛；第二位國王則是無形中的善，默默守護，不張揚；第三位國王則努力在矛盾與對立之間找到平衡。

當我們在社會中與他人互動，或付出情感時，是否應該停下來思考一下，我們正處於哪一種意識形態。是純粹無私的愛？還是無形中的善？抑或是充滿智慧的關懷呢？定位清楚了，人與人之間的相處會更為輕鬆無負擔。

愛，從慈悲到覺醒

善待自己與他人是一種極高的靈魂覺醒的層次，它不僅僅是好意的表現，更是深刻的互動與連結。承如這段靈訊中提到的：「『好』，**是一種對自我真實的接納，一種對生命深處呼喚的回應，一種靈魂層面的自我關愛。**」這種善待源於深刻的覺察與理解，當我們真正關注他人的「存在價值」，體會他們的感受，看見他們的苦難時，我們便觸及了佛教所說的同體大悲。慈悲超越了同情與同理，是一種內在充滿愛的意識狀態。它使我們能夠感知他人的需求，並適時伸出援手。這種慈悲不是出於義務或壓力，而是源於靈魂的覺醒和對生命的深刻理解。

我們的靈魂深處蘊藏著一股無形而持續運作的能量，包含著情緒、意識及情感。當這能量達到飽和點，生命便會自然找到宣洩的方式。這種狀態使我們能夠超越理性思考而自然行動。慈悲亦是如此，當愛的能量盈溢靈魂，不再可能被壓抑時，慈悲便展現出其無限的力量，這個過程可稱之為「覺醒」。慈悲是靈魂能量的具體表現，是來自內在最真實的表達。當我們真正以愛的能量行動時，慈悲便成為我們內在力量的最佳體現。

觀世音菩薩是華人信仰中最廣為人知的女性神祇，象徵著大乘佛教慈悲心法的具體化身。祂的名號蘊含深意：「**觀察世間音聲，覺悟有情**」——即透過洞察世間萬象，喚醒內在的慈愛，進而達到覺悟。在佛教傳統中，觀世音菩薩以無盡的慈悲聞名，是眾生大願的化現。

觀世音菩薩的慈悲力量在眾生的生命中以無數方式顯現，然而，即便是最虔誠的信徒，有時也難以領悟祂的慈愛

有一位虔誠信奉觀世音菩薩的靈修者前來求助。她自幼對觀世音菩薩懷有超乎尋常的好感，因緣際會接觸靈修後，經歷了許多不可思議的奇蹟，更加堅定了對觀世音菩薩的信仰。然而，年近五十的她卻面臨諸多困境：失婚、負債、技能欠缺且屢遭欺騙。儘管她學習了觀世音菩薩的慈悲待人之道，卻常感到回報不成正比。她

困惑地問我：「我到底哪裡做錯了？為何與觀世音菩薩如此有緣，卻仍過著不堪的生活？」

我閉上雙眼，請示觀世音菩薩關於祂與她的因緣。片刻後，一幕景象浮現在我心中：

靈界中，一個七、八歲的小女孩躲在石頭後，沉默地觀察著周遭。突然，一位散發柔和白光的女神出現，祂的空靈身影吸引住了小女孩的目光，內心的陰暗頓時消融了一大半。

女神應化世間因緣，輕柔地離去，不帶絲毫期待。祂優雅、平靜、淡然地回應著每個呼喚祂的人。世人的評價在祂心中未起絲毫漣漪。小女孩看在眼裡，不禁思索：女神為何如此慈悲待人，安閒自在？

千百年間，這一幕不斷上演。女神始終未與小女孩互動，但小女孩深刻感受到了祂的愛。她明白，是自己不願走出陰暗，女神只是順應她的心意。

無數歲月過去，小女孩被女神對世間的無限付出所感動，心中種下了願望：生生世世效法女神，以無畏、無懼、無所求之心待世間萬物。然而，歷經無數輪迴，她仍未能領悟女神的心法，未能做到不受世間紛擾而不染。她對世人的無盡慈悲反而讓自己遍體鱗傷，始終未能重返女神身邊。此時，無極瑤池金母的靈訊降臨：

愛如同文殊菩薩手中的智慧寶劍，
能斬斷煩惱、愚痴與執迷，
蕩滌障塵、破除黑暗、驅散無明，
引領你超越二元對立，進入涅槃境界。

慈悲是愛在人間的具體顯現。真正的愛是無所求、無期待、無貪戀，亦無須主動付出。它是無畏、無懼、無憂的化身，能消融一切陰暗。這種至高無上的愛，看似遙不可及，實則與我們的生活息息相關。當愛的能量與眾生的苦痛相交融時，慈悲的力量便自然展現。達到靈魂覺醒的「愛」是最高境界，而我們可以透過日常的「關懷」逐步修練，從慈悲邁向愛。這是循序漸進的過程，讓我們能在平凡生活中培養和實踐這種高尚情操。觀世音菩薩的慈悲精髓在於不強加干預，卻始終以優雅姿態關注眾生。這種慈悲並非主動介入，而是當內心的愛充盈溢出，眾生的苦難即將轉化為智慧時，方能顯現。觀世音菩薩的形象是輕柔、優雅、靜心且緘默的。學習祂的慈悲，就是讓我們擁有愛，靜觀紛擾世界。在行動中保持靜心，即是愛的體現。這種靜默的力量，正是慈悲的真諦。

然而，世人對慈悲常有誤解。有人認為慈悲是要主動對他人好，要指導他人，要輕聲細語地對待每個人，要關心世間所有的一切。這些想法都偏離了真正的慈悲。慈悲不會主動關注任何對象，也不曾想對任何人好。當你想做到「好」就必須有所回報，這與慈悲的本質相違背。

真正的慈悲是靜靜聆聽緣分的到來，如同片羽被風吹起，你的心要全然空無，慈悲才能顯化。它是一種靜靜的陪伴，一種無聲的支持。在日常生活中實踐慈悲和關懷時，我們應避免強迫性的行為。無論是對自己還是對他人，都不應使用威脅或恐嚇的語言，也不應經常說出「這都是為你好」之類的話。真正的善意應該保持適度，讓對方感到舒適和無壓力。關懷可以透過言語和行動表達，讓對方感受到你想幫助的意願，但仍應保持無壓力的狀態。例如，當你看到孩子讀書疲憊時，可以表達關心，但要尊重他們的選擇。當身邊的人需要幫助時，你可以表明立場，但不要強迫。

慈悲和關懷之間的最大區別在於主動性，它們都帶著善意，但不會干涉他人的選擇。慈悲更像是一種內在的狀態，一種無為而為的態度；而關懷則可能表現得更加外顯，但仍需保持克制和尊重。

當我們理解了愛、慈悲和善意關懷這三個層次後，我們會發現它們之間是由情感逐步昇華的過程。在這個過程中，我們學會不輕易地向他人表露情感，而是懂得等待和醞釀。這種靜默的力量，正是慈悲的真諦，也是我們在人生旅途中應該不斷追求和實踐的境界。

一個真正擁有愛的人，會以慈悲的心懷觀照眾生的苦難，以寂靜的心感受世界和他人的苦。在這個境界中，我們不會輕易對他人表露情感，而是默默等待。這種愛的境界，超越了表面的言語和行為，成為一種存在的狀態。它不需要刻意表達，而是自然流露在每一個當下。它是一種深刻的覺知，一種與生命本質的連結。在這種境界中，我們不再是行動的主體，而是宇宙慈悲的載體，默默地、智慧地回應著生命的呼喚。

慈悲是愛在人世間具體的顯現，
愛是無所求、無期待、無貪戀、無主動，

愛是無有恐怖、無有畏懼、無有憂惱，
愛能消融一切的陰暗，它是大無畏的化身。

當控制成為愛的變相表現

愛與控制是一體兩面的情感力量。當一個人的靈魂充滿愛時，他能展現無限的寬容與包容，不設限地接納他人。然而，當缺乏愛時，內心的空虛會催生出控制的慾望。這種控制表現為強制、壓迫、不信任和對他人生命的過度干涉。愛的本質是自由與尊重，而控制則源於恐懼與不安。因此，在情感關係中，一個人的行為是愛的表現還是控制的手段，往往反映了他內心的豐盛或貧瘠。

有一天，一位女性個案帶著焦慮和不安來到靈元院，尋求無極瑤池金母的幫助，希望解決她在愛情中所面臨的困境。經人介紹她認識了目前這任男友，雙方以結婚為前提之下，很快進入到熱戀期。由於她畢業多年仍無正職的職場經驗，再加上這幾年的戀情都是在不愉快之下結束，當她知道男友具備良好的家庭背景和工作條件時，她更加想要把握這一段得之不易的戀情。因此，她不自覺地控制起男友的一舉一動，初期她要男友將家中的鑰匙、存款、印章都交出來由她統一管理，要求男友每隔幾小時就必須向她回報目前的行蹤和位置，半夜更不能關手機以免漏接她的每一通來電。性格孤僻的她從不參加男友與家人或朋友的聚會，如果她覺得對方有威脅感或不喜歡某人，她會禁止男方去赴會，對象甚至包括男友的家人。男友從未有過談戀愛的經驗，再加上初期就把她視為未來結婚的對象，因此他就認為這些要求都是男女情愛中很自然的互動表現，並且照著她的要求一一去做。對於她對男方的種種要求，她的說法是：「這是我對他的愛，男女朋友就不應該有祕密。」

隨著兩人相處越久，男友似乎開始感到喘不過氣來，逐漸地以各種方式疏離和拒絕她的要求，不再立即地回覆她的電話和訊息，甚至也不再與她有男女朋友之間的親密行為。這些舉動讓她感到更加恐懼與不安，她成天擔心失去他的愛，害怕他是不是想要離開自己，幻想是不是有其他女人要奪走男友的心。她深陷無法擺脫的焦慮和不安之中。這些負面情緒就像一把深深扣在她心頭的利爪，讓她無法在生活中找到片刻的喘息與寧靜。為了減輕內心的不安，她試圖加強對男友的掌控來獲得一絲安慰，例如：半夜跑到男友家樓下等他下班，然而，這些舉措使她陷入更深且無休止的惡性情緒循環中。在最糟糕的時刻，她甚至以自殺來逼迫男友不能離開她。另一方面，她也擔心這樣的行為會導致關係破裂。她迫切地需要無極瑤池金母的幫助：該如何做才能挽回男友的心？

活出獨特的生命價值，釋放負面情緒與靈魂束縛

我閉上眼睛靜靜等待無極瑤池金母的靈訊，等待許久仍未降下任何訊息，長時間的沉默反倒使她坐立不安。此刻的我卻隱約感覺到，無極瑤池金母似乎藉由沉默提醒她某件事，過了許久，無極瑤池金母才緩緩地問道：「**妳有感到內心的焦慮和不安嗎？有沒有察覺到自己內心的躁動？**」她等待了很久得到的並不是解答，反而是一個令她更加困惑的問題。她不明白這段靈訊與她的問題有什麼關聯？她不安地看著我，無極瑤池金母的話語如芒在背。她深吸了口氣試圖平緩焦慮和不安。突

然，她似乎意識到這句話在點醒她什麼。她沉默不語許久後才說道，這整件事的癥結點應該跟她的沒耐心、躁動與控制欲有關係，她也反思到，是自己偏激的行為才導致了兩人關係走到這一個地步。

這時，無極瑤池金母以充滿智慧的口吻說道：「妳有注意到牆角那朵美麗的花嗎？」

她不明白花的存在與她的問題有何關聯。

無極瑤池金母接著說：「花的存在不是為了任何人，而僅僅是因為自身而存在，這使它顯得自由自在。它的美麗並不是為了吸引他人的目光，但為什麼人們會注意到它呢？難道是因為它為了他人而綻放？不，不是這樣！它並不在乎是否被人注意到，也不在乎是否增添世界的美麗。它只是純粹地存在於世界中，正因為如此才讓世界看到它的美。即使有人試圖改變它的外觀，但這並不影響它存在的本質。對任何事物只要不過度干涉，將其扭曲成自己期望的形式，最終它會以本來的面貌呈現給世人。」

她無法理解這段話如何幫助她解決當前的困境。

我向她解釋道：無極瑤池金母以花來做譬喻，是因為祂想告訴妳，妳在感情的世界當中，不斷地以虛偽的方式迎合男友對你的愛，但那並不是妳的本性。妳不斷地想去做這些事情，可是妳的本性並不是如此啊！

那麼，花為什麼容易得到他人的讚賞和關注呢？它並沒有想要去迎合任何一個人，它就只是靜靜地、孤獨地在那個地方綻放。但是妳要知道的是，孤獨地處在自己的位置，這個動作代表妳要先懂得寧靜，而這個寧靜所產生的力量是什麼？是摯愛。一個真正愛自己的人，他會安靜地待在他的位置當中，他不會想去迎合任何人，他不會想要去為世界多做什麼。就像花一樣，它長在那邊，自由自在，這是它存在的意義，它綻放了，是因為它成熟了，這就是愛的力量。當它靜處在一個位置，等待因緣成熟的時候，那個愛就綻放，而花就綻放。這是母娘想要告訴妳的。而妳之所以跟男友走到現在的狀況，是因為妳不了解真正的感情，它應該是要在愛的基礎上面的。愛的基礎不是妳去為他做什麼，而是妳要先學會與自己相處。

她聽了之後，不安地問我這段感情是否還有挽回的可能性。我指著那朵花告訴她，要解決這個問題，必須回到問題的根源，找出如何實現自己價值和生命意義的方法，當她找到並好好面對內心的問題時，無論對方是否回心轉意，她都不會再受這個問題困擾，同時，也將改善她在情感關係上的問題。

原本她認為男友逃避的行為，幼稚且不負責任，聽完我的話後，她反而感到愧疚，意識到自始至終自己都在傷害他，或許她也從未真正愛過他。臨走前，她再次問了我一個問題：「你能給我一句忠告嗎？告訴我下一步該怎麼做？」我送給她一句無極瑤池金母對於愛的慈示：「**先做到對自己好，照顧好自己的身心，不去干涉他人太多，該屬於妳的自然就會過來。**」

放下對他人生命的控制，便能釋放內心的焦慮與不安，回歸原本屬於我們自己內心的寧靜，有時，生命就是如此簡單。

未能真正地認識自己時，
焦慮和不安就會隨之而來。
不自覺地將負面情緒放大到情感關係中。

愛的靈修心法修持

從今天開始，將「我對你好」、「我所做的一切都是為了你」、「我為你犧牲了很多」這類的話語從你的思維中刪除。這些觀念無助於你的靈性覺醒，也無法喚醒你更高層次的愛的靈魂意識。而喚醒靈魂意識的最佳方法是——覺察。

首先，我們需要認識到，自我的犧牲和對他人的付出若是帶著要求回報或是期望認同的心態，這種行為就會成為靈性成長的障礙。

再則，對自己的念頭和行為多一分觀照，能讓我們更深入地了解內在世界。所有的行為都是內在世界的外在表現，可能隱藏著我們對他人的關懷，也可能源於控制欲，或是我們內在投射出的行為模式。

因此，當你想對某人做出某種行為或說某句話時，請不斷反省並觀察這個行為背後的動機。你必須持續不懈地覺察，直到看見動機背後的源頭。如果這個動機帶著強烈的意圖，繼續觀察和覺知它，但不要帶有任何批判。在這個過程中，保持開放和接納的態度。隨著持續的觀察，強烈的意念可能會逐漸消散。透過不斷地覺察，你靈魂意識中的愛將會逐漸覺醒，引導你走向更高的意識狀態。

感到憂鬱、沮喪和不踏實感，
是因為你把生命的重心放錯了地方，
誤用了力量，
因而產生負面的效果。

第4章 解密愛（下）愛的迷惑

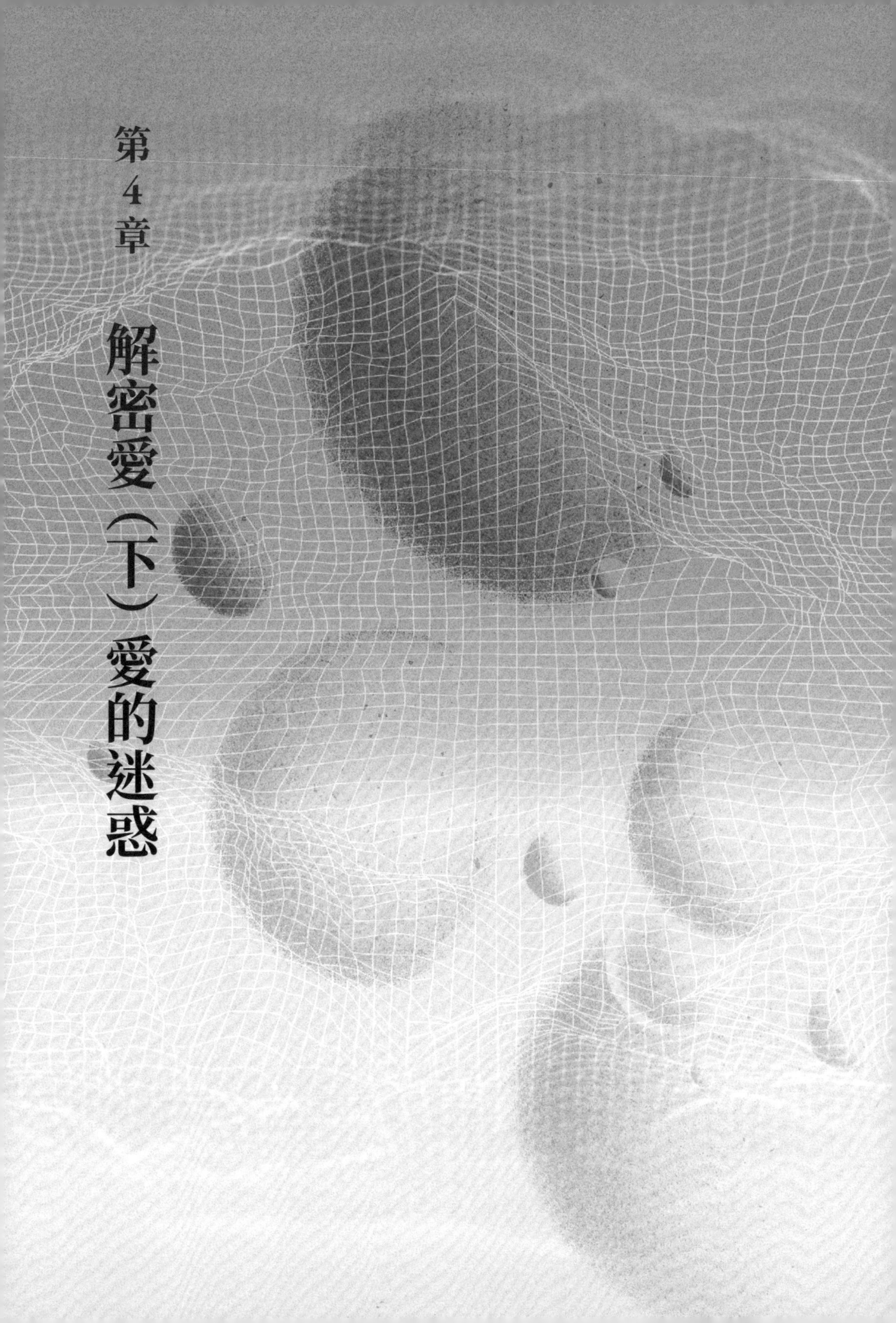

任何試圖以具體形象來呈現神的方式，都無法真正捕捉到神的本質。

——無極瑤池金母

本章繼續延伸並深入探討「愛自己」這個概念，將其提升到一個全新的境界。無極瑤池金母在此揭示了一個看似矛盾，卻又極具啟發性的真理：真正的自愛，意味著「自我」的溶解與消逝。

這個章節不僅僅談論愛自己，它已經開始觸及更深層次的靈性修行議題。它挑戰我們重新思考自我、愛和存在的本質。它邀請我們思索：當我們真正愛自己時，是否還需要一個「自己」來愛呢？

閱讀這個章節時，讀者可能會感到些許困惑，因為它挑戰了我們長期以來對自我的認知。但正是這種挑戰，為我們開啟了一扇通往更高層次意識的大門。

愛自己，是靈魂意識更為純粹的展現

問

無極瑤池金母！在您的啟示下，我們得以深入探索愛的多層次，從最高尚的愛與善待，延伸至充滿溫暖與關懷的層面。這樣的分析與指導，使我們能更清晰地表達內在感受，進而認知自我存在的層次，引領我們邁向身心合一、言行一致的和諧狀態。

在前文探討了善待與關懷後，接下來，希望再次向無極瑤池金母請教「愛自己」這一議題。在西方宗教與新時代思潮中，「愛自己」被視為靈性修行的至高境界。例如：基督教的「愛人如己」教導信徒將愛心延伸至他人之前先要愛自己，這樣才能真正體會到神的愛。同樣地，新時代運動強調每個人內在的神性，認為只有真正懂得愛自己的人，才能將愛擴展至他人和整個宇宙。我們對於「愛自己」的解讀是全然地接納自己的缺點與優點，尊重自己的需求和界限，不因外界的期望或批評而改變真實的自我。

然而，對於此課題仍感困惑。我們再次向您請益：何謂真正的「愛自己」？我們該如何在日常生活中實踐這種自我關愛，以達到靈性上的提升？

宇色！你提出了一個深刻而重要的問題。在探討「愛自己」之前，必須先理解到真正的「愛自己」，是靈魂的覺醒與全然地臣服。更重要的是，「愛自己」，是靈魂意識更為純粹的展現。它超越了世俗一切的情愛，是全然地走入神性合一的境界。當你成為一名真正「愛自己」的靈性覺醒者，你會發現自己不再是一個個體，而是與宇宙萬物息息相關。「愛自己」不具有排他性，是全然地包容；毫無限制，是無限擴展的。

然而，要真正理解和實踐這種深層次的「愛自己」，必須先從最基本的概念入手。當你能夠真正理解「好」的定義之後，才能進一步去探討更為深奧且純粹的靈魂意識狀態——「我愛你」與「愛自己」。

在上一章節中，你已經知道「好」不僅僅是表面上的關心，因此當你說出「我愛你」或「我愛我自己」時，就不能將它與「好」視為同一層次。如果連「好」都無法正確地定義，那麼愛更是一般人難以理解的概念。這也是為什麼我一開始先談論「好」的原因。當你真正理解了「愛」與「好」，在與人互動時，會更懂得約束行為與察覺平時不以為意的想法。它對你在生活與修行上會有更大的助力，能更進一步幫助你喚醒沉睡的意識成為愛。

你知道嗎？「愛」這個詞彙在遠古的世界並不存在。人類在語言和文字使用上受到極大的限制，更不會有「愛自己」、「我愛你」等類似的說法。然而，這並不意味著那時候的人類感受比現代人貧乏。相反地，遠古的人類在靈性與感受上比現代人更為豐富。雖然他們不會用言語來表達愛，但實際上，他們的靈魂卻是盈溢著滿滿的愛。

在遠古時代，愛不是人與人之間的情感表現，而是一種自然的生存方式。遠古人類與大自然深度連結，展現出一種大宇宙的神聖之愛。在萬物有靈的自然信仰中，人類視自己為大自然的一部分，而非獨立的個體。以如此的生活方式直接感受和傳達這種無所不在的愛的能量。現代人雖然擁有豐富的語言來描述內心感受，但卻在某種程度上限制了直接以靈魂體驗生命與大自然，進而阻礙了靈魂深處愛的流動。

那麼，「愛自己」這個概念是錯誤的嗎？不盡然。談論「愛自己」時，實際上在探討如何將自己的靈魂轉化為更純粹的意識狀態，最終成為「愛」本身。這個過程超越了一般意義上的自愛概念。沒有人能夠真正地站在愛之外對自己說「我愛我自己」，因為這種表述本身就暗示了與愛的分離。大多數人能做到的是善待和關懷自己與他人，就是先前所說的「好」的境界，這也是靈性邁向更高層次愛的重要步驟。

對於「愛自己」這個概念，我很難用你能夠理解的方式回答，實際上這個概念並不存在於現實世界中。人們無法真正地做到愛自己，那是不可能發生的事情。我必須從靈界的角度向你解釋，或許你能更深入地理解為什麼愛自己是如此困難的一件事。

（以下是無極瑤池金母帶領我的元神進入靈界所感受到的內容。不妨透過想像來理解這一段靈訊，這樣做會幫助你更加了解無極瑤池金母所要傳遞的訊息。）

在一片寂靜之中，我進入到無邊無際的靈界，它是一種難以形容的存有狀態。在靈界中，我唯一感受到的是被輕柔與寧靜所包圍，在當下，是一片寂靜空無……此時，無極瑤池金母出現在前方……沒有畫面、形體、聲音，只是某種存有的感受。

宇色！愛自己，是靈魂意識更為純粹的展現。真正的愛自己，是與更高的靈性頻率以及宇宙相融合。這種愛不僅是對自身的接納與尊重，更是對生命本質的深刻體悟。在這樣的狀態下，才能真正體驗到愛的無限力量，並將這份愛傳遞給他人，創造出更豐盈、更美好的世界。

✦神，無形與無處不在，超越物質的靈性體驗

宇色！在純粹的靈界之境，它不存在，沒有實體。因此，沒有任何事物可以反射神靈的形體，我們是無法看見自己的，這個概念或許令你難以置信。

在你所熟悉的物質世界中，人們能透過鏡子或水面看到自己的倒影。這是因為你的肉體、意識與周遭環境的頻率產生了共鳴，使得物質世界能夠映照出你的存在。然而，神靈的本質超越了物質的界限，處於一種無所不在且完全無形的狀態。既然神靈不受物質形式的約束，它又怎能透過物質的反射來展現自己呢？這是不可能的！因此，任何試圖以具體形象來呈現神的方式，都無法真正捕捉到神的本質。

宇色！藉此機會，讓我更進一步說明人與神靈之間的關係。雖然我曾從多個角度討論過這個話題，但有必要再次強調一個容易被人們所忽略的觀念：當你們向神靈致敬時，請不要將我們局限於某個特定的物體或形象中。神的存在超越了物質的界限，同時又無處不在，存在於宇宙的每一個角落，包括自然界、人類、動物，以及整個宇宙的脈動中。神是那股無所不在的能量，是賦予萬物生命和存在的根源力量。因此，神沒有固定的形式，也不能被束縛於任何單一物體之中。

如果你們執著於將生命的意義和希望，寄託在某個特定物體中所想像的神靈上，不僅永遠無法感受到神的存有，更會阻礙你喚醒內在的神性。

請謹記！只有擺脫這種錯誤認知的框架，你才能真正展現內在的神性，與宇宙建立深刻的連結，進入愛的境界。

因此，我再次強調，神是普遍而無限的存有，不僅存在於你的內心深處，也存在於宇宙中的每一個存在形式之中。當你學會透過意識去連結這種無所不在的神時，你將能夠體驗到更深層、更純粹的神性，那就是愛的本質。這種愛將引導你超越物質的限制，進入一個更高維度的存在狀態。

✦愛是宇宙律動的本質，貫穿時空，神性即是愛的體現

宇色！談論愛，你就必須去聯想到一個關於靈修的現象。當一個人的靈魂意識完全轉化為愛時，他不再被「人」的形象或概念所局限。意思是，當你真正「愛自己」時，你已經成為了愛與神性。你的靈魂意識會達到如此純淨的境界，與宇宙的律動完美共鳴。當你成為愛時，你就無法將自己限縮於某個特定的形體或概念中。

然而，一旦你真正成為了愛，「愛自己」這樣的表述便不再適用。因為你已經超越了個體的界限，與愛合而為一。你不會從一位開悟者或覺醒者口中聽到「我愛我自己」這樣的話語，因為他們已經超越了個體的概念，融入了宇宙之愛的本質中。

說出「我愛我自己」這句話的前提是，你仍處於二元對立的狀態中，將自己視為愛的主體和客體。因為與愛分離了，你才能說「我愛我自己」，同時，也就代表你將不再擁有愛，這不是矛盾的嗎？在真正的愛的境界中，這種分離不復存在。就像我之前提到的，你無法在鏡子中看到神的倒影，因為神是無形而普遍的存在狀態。

此時，你可能會問：那麼，這樣的存在狀態又在哪裡呢？這是一種超越具體化和定義的存在狀態。在這種狀態下，一個擁有愛的人，怎能指著自己說「我愛我自己」呢？愛已經超越了任何可以被容納或定義的形式，它不能被簡單地「放置」在自身或任何特定對象上。反之，愛成為了一種永恆而無間斷的存有狀態，遍布於萬事萬物之中。

（就在這瞬間，兩面對照的鏡子神祕地浮現在我的心靈視野中。）

想像兩面相對的鏡子，它們創造出了無限延伸、無窮無盡的映像世界。這正如你與愛的關係：當你成為愛時，你和愛就像這兩面相對的鏡子。你站在鏡前，卻看不見自己的形體，只能看到無限延伸的世界。這個無邊無際的鏡像世界就是宇宙的縮影，也是愛的本質體現。

在這個境界中，你與宇宙的頻率完全共振，超越了個體的存在感。愛不僅存在於這無限的鏡像世界中，也存在於你的內在和外在。你成為了愛的載體，同時也是愛本身。這種狀態下，愛不再是一個你可以擁有或失去的東西，而是你存在的本質和方式。「我」與「愛」的界限消弭，二者融為一體，不可分割。因此，在最深刻的意義上，愛不是你所做之事，而是你即是愛。

透過如此的理解，可以看出，愛不僅僅是一種情感或行為，而是宇宙運作的基本原則。它是連接一切的能量，是你與宇宙、與神性連結的橋梁。當真正理解並體現這種愛時，你就能夠超越個體的限制，感受到與整個宇宙的深刻連結，體驗到真正的神性。

如果你真心想要將意識轉化為愛，並且在擁有愛的同時愛自己或愛一個人，首先要學會進入內在的寂靜。在這種寂靜中，你不會試圖控制或制約任何人的思想，包括自己。你所給予的是無盡的包容與自由。寂靜與愛有著極度的相似性，當你進入這種狀態時，純粹的愛便會在你與他人之間，以及你與自己之間自然地生長和擴展。

當你達到如此境界，「愛」不再是一種行為或感受，而是存有的意識狀態。它超越了主體與客體的二元對立，成為了融合一切的意識狀態。透過這種方式，也超越了「擁有」愛或「給予」愛，而是成為愛本身，讓愛自然地流動和表達。

✦寂靜中的愛，超越言語的實相

許多人常掛在嘴邊的愛，以及某些宗教修行所標榜的愛，往往缺乏真正的生命力。這種膚淺的愛如同家中華而不實的裝飾品，徒有其表而已。對於尚未完全覺醒的人們而言，對世界最真摯的情感表達可能是「照顧」、「關心」和「關注」。這些詞彙已足以傳達你的善意。

聆聽我慈訊的讀者，當你真正理解愛的本質後，你會發現「我這麼做都為你好」或「我這麼做是因為我愛你」這樣的話語變得不再貼切。這並非指這樣的表達方式錯誤，而是它們無法精確地描繪你內心的感受和對他人的關愛。真正的愛超越了言行的隔閡，它是一種存在的狀態，而非簡單的行為或言語所能表達。

相反，試著使用「照顧」、「關懷」、「關注」和「關心」這些詞彙。當你真誠地說出這些話時，你會感受到它們的美好，同時不會給自己或他人帶來壓力。這種表達方式更接近於無條件的覺知和接納。

當你真正體證「好」與「愛」時，這兩個字反而不容易從你口中說出。因為真正的愛是不帶任何意圖的，它不試圖改變他人，而是完全接納當下的一切。只有在達到這種無為而無所不為的狀態時，你才能毫無負擔地表達愛。

愛超越了個體的存在，與無限的存在合一。要成為愛，你必須經歷內在的轉化，觸及生命深處的寂靜。在這種寂靜中，你不再執著於自我，而是與整個存在融為一體。

理解「愛」與「好」的區別，不僅避免了誤用這些深奧的概念，並能準確表達內心感受，有助於你們校準心靈與意識的頻率，還能讓靈魂與宇宙的律動產生共鳴。這種精確的表達和深刻的理解，是喚醒內在覺知重要的一步。更重要的是，不再將自己的想法強加於人，對於一個真正想尋求靈魂覺醒轉化為愛的人來說，這種理解和執行至關重要。

愛自己是一道偽命題

在前述靈訊中，無極瑤池金母舉了一個令人深思的比喻：神明在靈界中無法看見自己。這個看似簡單的陳述，實則蘊含深刻的哲學意義。它暗示了愛的存有狀態，在這種狀態中，個體與宇宙融為一體，不再有「自我」與「他者」的區分。這個比喻為我們理解真正的愛和開悟狀態提供了一個新的視角。當一個人真正進入全然的愛的狀態時，「自我」概念消融了。這並不意味著個體的消失，而是達到了更高層次的存在——一種與萬物相連，卻又獨立存在的狀態。

透過這個視角，我們可以更容易地理解那些在宗教和靈性實踐中被認為已經達到開悟或解脫的人。他們的行為模式和存在方式反映了這種超越自我的狀態。他們以全然不同的方式在世間行走，他們的行為不再受限於個人利益或自我中心的思維，而是源於一種普世的、無條件的愛。

然而，現今身心靈界，我們常被鼓勵「愛自己」，這其實是一道偽命題。為什麼這麼說呢？因為真正的愛是無分別的，是超越自我的。就如同無極瑤池金母所言：「說出『我愛我自己』這句話的前提是，你仍然處於二元對立的狀態中，將自己視為愛的主體和客體。因為與愛分離了，你才能說『我愛我自己』，同時，也就代表你將不再擁有愛，這不是矛盾的嗎？」

無極瑤池金母的智慧揭示了一個悖論，也讓行走在靈性道途上的人們深刻反思：「真正的愛超越了自我與他者的二元對立」。當我們成為愛本身時，「愛自己」

這個概念便失去了意義，因為愛已經是我們的本質，不再是需要刻意說明與執行的行為。舉一個例子來說明，在日常生活中，我們常常需要透過客體來認識自己。就像照鏡子時，鏡中的影像（客體）幫助我們認識自己（主體）。我們也常透過心理測驗、占星、命盤或諮商來更深入地了解自己。然而，這種依賴外在客體的自我認知方式，可能使我們忽視了內在的本質。真正的存在感和自我覺知並不依賴於外在的確認，就像我們不需要時刻照鏡子才能感受自己的存在一樣。一個真正與愛合一的人，也不需要不斷地對自己或他人宣告「我愛你」，更不需要刻意地去愛自己或世界，因為他已經成為了愛。這種不斷地宣告反而可能暗示了內心的不安全感和與愛的分離。無極瑤池金母提醒我們，「愛自己」這個概念可能是一個矛盾的偽命題。

只有那些尚未真正感受到自己存在，或尚未與自己的靈性本質連結的人，才會不斷地需要透過言語來確認自己的愛。如此的洞見是邀請我們反思：是否真正理解了愛的本質？我們是否將愛誤解為需要不斷宣告和實踐的外在行為，而忽視了它作為內在本質的真實面貌？

真正的靈性成長，不在於不斷地告訴自己「我愛我自己」，而在於逐漸淡化自我與他者、愛與被愛者之間的界限，直到我們意識到：我們本來就是愛，愛就是我們的本質。

一個真正充滿愛的人，早已與愛合而為一，他們的存在狀態超越了對自我的執著，愛的流動成為自然而然的狀態。在這種純粹的愛的境界中，個體與愛已經融為一體，不再感受到自我與他人的區別。因此，他們又怎會刻意去「愛自己」呢？對他們而言，愛已經無處不在、無所不包，不再需要被刻意追求或施予。這種境界如同柏拉圖理型論中的純粹之愛，或佛教中的無我大愛，超越了個體的自我認同，達到了更高層次的存在狀態。

自我與愛是一體兩面的。當我們達到真正的愛的境界時，自我的界限就會消融。我們不再將自己視為獨立的個體，人與人之間也不再有所隔閡，而是感受到與整個宇宙的連結。在這種狀態下，「愛自己」這個概念就失去了意義，因為沒有了分別心，愛已經無處不在。如果你理解了這個理論，當你想對自己表達某種情感時，你可以試著說：「我想多關心自己一點」，或者對別人說：「我想要多照顧你一點」。這樣的表達方式是否讓你覺得比說「愛」更輕鬆、更精準，而沒有壓力和負擔呢？

東方不談愛的愛

這也解釋了為何在東方的哲學和宗教中，很少直接談論「愛」這個字眼。以儒家經典《論語》為例，孔子提到了仁、義、禮、智、信，而老子在《道德經》則強調無為、自然的智慧，以上典籍中鮮少使用「愛」字。再舉例，《太上清靜經》描述了一種至高無上、包容萬物的境界。在這種境界中，愛是宇宙運行的自然法則，是萬物生長的根本動力。而《莊子．齊物論》則提出了齊一的概念，認為萬物本質上是平等的，愛已經超越了主體和客體的區分。當我們達到與萬物為一的境界時，愛就不再是外在的行為，而是一種存在的狀態。

這些例子顯示，東方思想並非缺乏愛的概念，反而是將愛轉入更深層的宇宙觀和人生哲學中。透過無為、清靜和齊物的胸懷，人們可以自然地體現出更高層次、更宇宙觀的愛。這種愛不再是特定的情感或行為，而是一種存在的狀態，是與宇宙和諧共振的體現。

正如無極瑤池金母所言，達到愛的境界的人，其行為自然與宇宙頻率和諧一致。他們表現出三種特質：無占有、無欲求、行為即愛。這些覺悟者已然成為愛的化身，與宇宙融為一體。對他們而言，每個當下的自然流露皆是愛的顯現。

生活中刻意強調「愛」，常將它掛在嘴邊，反而會過分地想要執取它，遠離了愛的真諦。試著跳脫「愛自己」這個偽命題，因為它可能會讓我們陷入虛幻的循環。真正的自愛不是一個需要刻意追求的目標，而是自然流露的意識狀態。當我們不斷地重複「我愛自己」這樣的話語時，反而可能使我們與真實的本我和愛漸行漸遠。同樣地，「我愛你」也不應該是輕易對他人說出口的話。真正的愛是一種內在的狀態，一種存在的方式。當我們真正擁有愛時，我們反而不需要用言語來表達它，因為它已經融入了我們的一言一行中。

神明的存在，源於你的感知

「神明的存在，源於你的感知」這句富有哲理的話語來自我靈修的另一位指導神——九天母娘。當我向祂詢問神與人的關係時，得到了這樣的啟示。

當我向九天母娘詢問：「作為凡人，我們是否必須不斷祈求神明的幫助？神明是否真的擁有無邊無際、移山倒海的能力來回應每一個祈求？」祂用這句話給了我一個啟示性的答案。九天母娘的回答揭示了一個深刻的真理：神與人之間的關係是相互依存的。神明的力量並非憑空而來，而是建立在人的信仰和感知之上。換言之，如果你希望從神明那裡獲得力量，首先要相信並發掘自身的潛能。唯有當你奮力前行，神的力量才能真正給予加持，你必須堅信內在信念是打開神力之門的鑰匙。

九天母娘這句話：「**神明的存在，源於你的感知。**」可能會讓一些人感到疑惑。人怎麼可能凌駕於神？神怎麼會依託於人的存在？事實上，神明的形象和意義一直在隨著人類社會的發展而演變。人類透過意念與想像創造並塑造神明。不同的時代和文化孕育出各自的神祇，反映了當時的社會環境和集體意識。神明不僅是信仰對象，更承載著人類對未知的探索、對秩序的渴望，以及對生命意義的追尋。神明是人類內心深處願望與恐懼的投射，也是我們理解宇宙、探索生命奧祕的一種方式。

如果我們回顧歷史，就會發現許多曾經被崇拜的神明已經消失在時間的長河中。從古希臘、古埃及到其他古老文明，曾經被視為宇宙創生之主的神明，如今已經湮沒無聞。這個現象告訴我們，神明的存在與人類的信仰和記憶密不可分。即使是無極瑤池金母，祂在台灣傳下靈山妙法之前，也只是存在於《山海經》中的一尊女神。直到七十年前，祂的降乩傳法於花蓮，才有更多人感受到祂的神蹟，包括我在內的許多人因此受益。

這個例子說明，如果沒有人宣揚神明的威德，又有多少人能夠認識並信仰這些神明呢？人與神的關係，可以類比為人與愛的關係。如果你無法感知自己的存在，愛就無法在你的靈魂中萌芽成長。「神明的存在，源於你的感知」提醒我們：神明的力量並非於外在，而是存在於我們的信仰和感知之中。培養內在力量和信念，才能真正與神明建立聯繫，並在生活中體現神性的光輝，唯有我們意識到自己本就擁有愛，不再感到匱乏之時，內在的愛才能真正覺醒。

看不見的愛，因我們即是

讓我們繼續深入探討，無極瑤池金母在這一段靈訊中所說的一段話：「在純粹的靈界之境，它不存在，沒有實體，因此，沒有任何事物可以反射神靈的形體，我們是無法看見自己的，這個概念或許令你難以置信。」這句話揭示了一個令人震驚的真相：在靈界中，神靈無法看見自己的形體。這個概念顛覆了我們對神話故事中神靈互動的想像。如果神靈彼此無法相見，那麼流傳已久的神話傳說——《封神演義》、《西遊記》等故事中神明之間的對話、戰鬥，甚至是戀情，是否都只是人類幻想的產物呢？或者說，這些神話故事只是人類試圖理解宇宙與神祕力量的嘗試？

這不僅完全顛覆了我們對神靈的理解，還帶出了一個更深層的問題：如果神靈無法透過靈界的物質來表達自己，那祂們又是如何傳達旨意的呢？尤其是像我所著作《請問母娘》這一系列書中的神諭，又是如何被準確地記錄下來的呢？

作為純粹的存在，神靈無法像人類一樣拿起筆來寫書。那麼，是誰在說話？是誰在寫作？答案是：我，宇色。我的肉身成為了無極瑤池金母傳達訊息的媒介。神靈需要借助有形的物體來完成這本書的寫作，而我成為了這座橋梁。換句話說，人類才是真正靈界與凡間的溝通橋梁，而我所扮演的角色，正是神傳遞訊息的通道。沒有宇色這一個色身，無極瑤池金母就無法將祂所要傳遞的訊息傳送到人間。換言之，人類在宗教方面扮演著神靈的載體，這引出了另一個問題：我所傳遞的訊息是否等同於祂所要表達的意思呢？

當你仔細閱讀從《請問輪迴》、《請問財富》、《請問覺醒》到《請問愛》的系列著作時，你會發現一個引人入勝的現象：無極瑤池金母所傳達的訊息逐漸變得更加深奧，祂的教導也呈現出越來越豐富的層次。這種漸進式的深化過程不僅展現了無極瑤池金母教導的精妙，也揭示了宇宙對靈訊內容的巧妙安排。

這或許會引發一些讀者的好奇：

- 我是如何與這些超越性的智慧建立聯繫的？
- 為何我能接收到這些來自無極瑤池金母的靈訊？
- 為何祂願意與我分享這些超越常人認知、跳脫一般思維的智慧？
- 是因為我已經準備好成為這些訊息的載體，還是在接收過程中，我的靈魂意識逐漸轉變？

事實上，這是一個漸進且相互影響的過程。在接收這些靈性訊息之前，我的內在已經開始朝向更高層次的意識發展，為接納這些深奧智慧做好了初步準備。這種準備並非完全，而是一種開放的狀態和潛在的共鳴能力。當我開始聆聽和接收這些靈訊時，我的靈魂意識便進入了動態的成長軌道。具體來說，這是個循環往復、逐步深化的過程：我接收訊息，內在得到淨化和提升；內在純淨了，又能接收更高層次的訊息。隨著靈訊的深入，我的理解力、感知力和靈性觀念也在不斷提升，形成了一個強大的共振循環。隨著每一本書的完成，我發現自己對生命、宇宙和存在的理解不斷擴展，思想的維度也在不斷提升。如此這般，我的靈魂意識持續成長，與無極瑤池金母的教導更加契合。在這個神聖的過程中，我既是這些訊息的載體，也是一個從中得到轉化的靈修者。我的靈魂在與這些訊息的共鳴中不斷成長，在領悟中不斷超越自我。

這個過程揭示了一個重要的靈魂意識的轉化真相：「意識的轉變始於信念的種子，並在實踐中不斷成長。」要達到某種意識狀態，我們必須先在心中植下信念，相信自己有潛力達到那個境界，然後持續地學習和實踐，逐步實現這種轉變。這種信念和行動的結合會引導我們的思想和行為，最終使我們成為那樣的存在。

因此，當你想要成為愛時，你必須相信你已是愛。無極瑤池金母提醒我們，要警惕語言的陷阱。當我們說「我愛我自己」時，無意中強化了自我與愛之間的二元分離。這種表達方式暗示著「我」和「愛」是分離的實體，而非統一的整體。真正的轉變在於認識到我們本質上就是愛的化身。不是去愛自己，而是認識到自己本來就是愛的存在。我們不需要追求成為愛，因為我們已經是愛了。關鍵在於喚醒這份內在的認知，讓它自然地流露在我們的思想、言語和行為中。因此，我們可以轉變內在的對話，從「我愛我自己」到無聲的「自我即愛」。這種微妙而深遠的轉變有助於我們超越二元對立，深刻體驗與宇宙生命力量的連結。

這個概念可能有些抽象，讓我引用《稀世珍寶：印度靈性導師拉瑪那尊者教誨薈萃》一書中的一段話，拉瑪那尊者在其中開示了「真我」的意涵，以便進一步說明：

> 你閱讀諸多吠檀多經典，諸書所述，不過是「了悟那個真我」而已。然而，真我無法在書本中尋獲，你必須為你自己，在你的生命內找到真我。
>
> 許多書籍大力宣說修持的方法，如聽聞、審思、一心專注及了悟。只是，我們已經是真實，又有什麼可以讓我們獲致真實呢？我們說這個世界是直接呈現，其所愛異起滅者，為不真實，我們卻視之為真實。
>
> 我們始終如如其是、其在，無一不直接呈現，並非採行諸多修持後，而獲致了悟其是、其在。真我不是做了什麼而獲致，乃是止於其是，而其在於我們。

了知（knowing）人之真我，僅是在於（being）其人之真我，而無第二位存焉，此即了悟真我。

在淨化靈性以喚醒靈魂意識的轉世旅程中，我們常常忽略了一個重要的真理：愛已經存在於我們的本質之中。正如無極瑤池金母在第一章所點明的：「當一個人成為開悟者、覺醒者、頓悟者，同時也成為了愛。」這句話揭示了一個深刻的洞見——解脫的人已然成為愛的化身。拉瑪那尊者上面四段話的教導進一步闡明了這一點。他的智慧告訴我們，成為愛並非透過學習或追求而來。反之，我們需要意識到自己本就是愛的存在。這種認知的轉變至關重要：當我們認知「已經是」愛時，我們就能真正地活出愛的本質。

在這裡，想分享一個我其他著作中從未提及的祕密。我在接收無極瑤池金母的訊息時，從不視為我與神尊的對話，也不認為祂與我是分開的。我只是單純地感受當下訊息給我的感受，沉靜其中。因此，我不會自稱為無極瑤池金母的代言人或乩身，我只是當下的感知者。這種純粹的體驗方式讓我更能感受到訊息的本質。

坊間各式各樣的身心靈技巧試圖教導我們如何去愛，以及如何成為有愛的靈修者。然而，這些方法可能反而使我們遠離了愛的真諦。假若我們將自己視作有愛的人，口中不斷重複「愛」字，或許會顯得空洞、毫無實際用處，甚至顯得過於苛求完美。不斷地告訴自己「我愛我自己」或在他人遇到困難時機械地說「你必須先愛你自己」，這些都可能成為空洞的口號。真正的愛不需要四處宣說，它是自然的生命流露。

當我們放下所有技巧和方法，靜靜地感受自己的內在時，我們就能接觸到那份一直存在的愛。不需要假裝或追求，只需要覺知和接納。正如拉瑪那尊者所言：「我們始終都存在於自己的真實狀態中，每一刻都直接呈現自己，不需要透過各種修持方法來實現對這個存在和本體的領悟。真正的自我不是透過做一些事情而達到的，而是停留在它自己的存在中，這存在於我們自身之中。」愛亦是如此。在這條覺醒愛的路上，我們不是要成為某種崇高與美妙的狀態，而是要認識並接納我們本來的面目。愛不是需要特別額外獲得的東西，而是需要發現和體現的本質。當我們放下向外的追求，才能真正地活出愛的真諦。就如同無極瑤池金母所說，神靈在靈界是看不見自己的。這意味著，神靈超越與消融於宇宙當中。在這種境界中，個體與宇宙萬物合一，不存在自我中心，這就是愛。

與愛合一後的消逝

在向無極瑤池金母請示這一章節後，當晚，我沉浸於祂慈降的錄音檔中。這是我修行的方式——聆聽祂的教誨。如此總能引發我更深一層的反思。當我一遍又一遍地聆聽時，我開始思考靈修中所謂的「合一」概念：什麼是真正的合一？是與宇宙共振的和諧，還是與至高意識融為一體的境界？當我們的靈魂終於與愛合一，超越了肉體的界限，它又將往何處去？是回歸永恆的靈源（那一條靈），還是轉世之後再度開啟另一段不同的靈性旅程？這些問題激發著我對生命本質和靈魂歸宿的深刻思考。以下是無極瑤池金母對我的回答：

「合一」，是個體與宇宙、自我與無限之間的融合。這不僅僅是身、心、靈合一的狀態，更是一種超越個人與物質限制的境界。當一個人在靈性修行中不斷轉化自我，超越身體與心靈的局限時，便開始與更高層次的意識連結，進而達到合一的境界。這個過程並非一朝一夕，而是漸進且深刻的轉變過程。

合一的過程涉及超越個人執著、自我與分離感，逐漸與更高意識的頻率共振，以達到更深的合一狀態。因此，當一個人在靈性上不斷修行與轉化時，就像兩種不同磁性物質結合一樣，必然會引發變化，最終融為一體，達到內在與宇宙的完美和諧統一。

當這個原本不屬於你此時的狀態降臨時，你的自我感將消融。在身心靈之路上行走的人，當他不斷修練並與更高的愛合一時，他將蛻變，成為全新的存在。一個身心靈修練者、一個解脫者，當他進入與愛合一的狀態時，他的自我將不復存在。他將以全新的面貌行走人間，他的言行舉止將完全超越你的認知。最重要的是，這個人在往生後將不再回到人世，而是返回靈源——宇宙的本源，從此不再輪迴。這，就是所謂的合一。這也是所有開悟者、覺悟者、靈性覺醒者最後的歸宿。

當我聆聽這段靈訊時，一股強烈的感動湧上心頭。這感動並非來自於情感的失落或悲傷，而是一種超越言語的共鳴，超越悲傷的解脫感受，其中包含了對愛和靈性追求的深刻反思。這種解脫不同於悲傷所帶來的情緒沉重感，而是在領悟真理和放下世俗束縛後的內在寧靜和喜悅。

成為一位身心靈導師、靈性導師或宗教導師，需要超越尋求財富、事業和家庭的表面層次。是一個需要誓死決心的修行，一個永不回到此岸的決心。只有這樣，我們才能抵達彼岸，成為愛的存在。然而，這並非一般人所能理解的目標，因為它超越了物質和世俗的追求，而是關乎內在的解脫。

成為真正擁有愛的人需要極大的勇氣。這種勇氣源於對世俗束縛的斷捨離，以及對追求真理的堅定決心。我在聆聽這段靈性教導時深有體會：成為身心靈導師、靈性導師或宗教導師的人，若缺乏不退縮的決心，將難以達到修行的彼岸。這絕非一般人所想的，在事業、家庭與財富間求得平衡，同時追求解脫。

閱讀無極瑤池金母的靈訊，或許讓我們感受到，擁有愛的靈魂意識是多麼優雅和美麗。然而，其背後隱含更深層的意義：

我們是否有勇氣不再停留於世俗？

是否願意割捨親情、愛情與友情的執著？

是否真心渴望超越世間的苦難，不再受世俗束縛？

就像聆聽無極瑤池金母的教導時，我們感到生命被瓦解，所有業力、親情和執著在那一刻完全消失，只剩下純粹的喜悅，沒有恐懼。

因此，我們每個人都應深思：成為靈魂覺醒、充滿愛的生命是否是此時此刻我們所要的終極目標？往生後將不再回到人世是我們想要的嗎？

靈性的生命是充滿危險的，不要將它看得太美好。
每一步都是在面對內心深處的挑戰與轉化。
走慢一些沒有關係，
每一段路程都是在探索內心的黑暗與宇宙的浩瀚。

愛的靈修心法修持

人類天生就擁有愛的本質。在與他人相處的過程中，我們很自然地會流露出愛的能量。這種愛是無止境、無特定對象的包容與接納。然而，我們往往被今生的身分所限制，阻礙了愛從靈魂深處流露出來的狀態。

從今天開始，請你細心覺察：當你的愛想要與宇宙世間產生共鳴時，是什麼力量阻礙了它的流動？觀察並探究這股阻力，你會發現它的名字叫做「自我」。捨棄自我並非易事，因為你已將其視為自身不可分割的一部分。身分、性別、角色、思想，這些都構成了你所認知的自我。問題在於，你必須先識別並看清虛假，才能逐步放下自我。反思一下：你在追求什麼？你在嫉妒什麼？你在貪求什麼？這些往往不屬於生命的本質，而是一種虛假的表象。當你能夠剝離所有的虛假時，你就能赤裸裸地面對存在，感受真實的愛。

只有在這個時候，真正的內在成長才會開始。這是一個持續的過程，需要不斷地自我審視和放下。透過這種方式，你能夠逐漸接近生命的本質，體驗純粹的存在。記住，捨棄自我不是否定自己，而是超越有限的自我認知。

仔細審視這個「自我」如何阻擋你喚醒內在的愛，如何阻礙你成為一個充滿愛的靈魂意識。找出那個在背後作祟的自我，觀察它、了解它。只有認識並超越這個自我，我們才能真正釋放愛的力量，與宇宙萬物和諧共存。

第5章

靈魂與愛的神聖約定

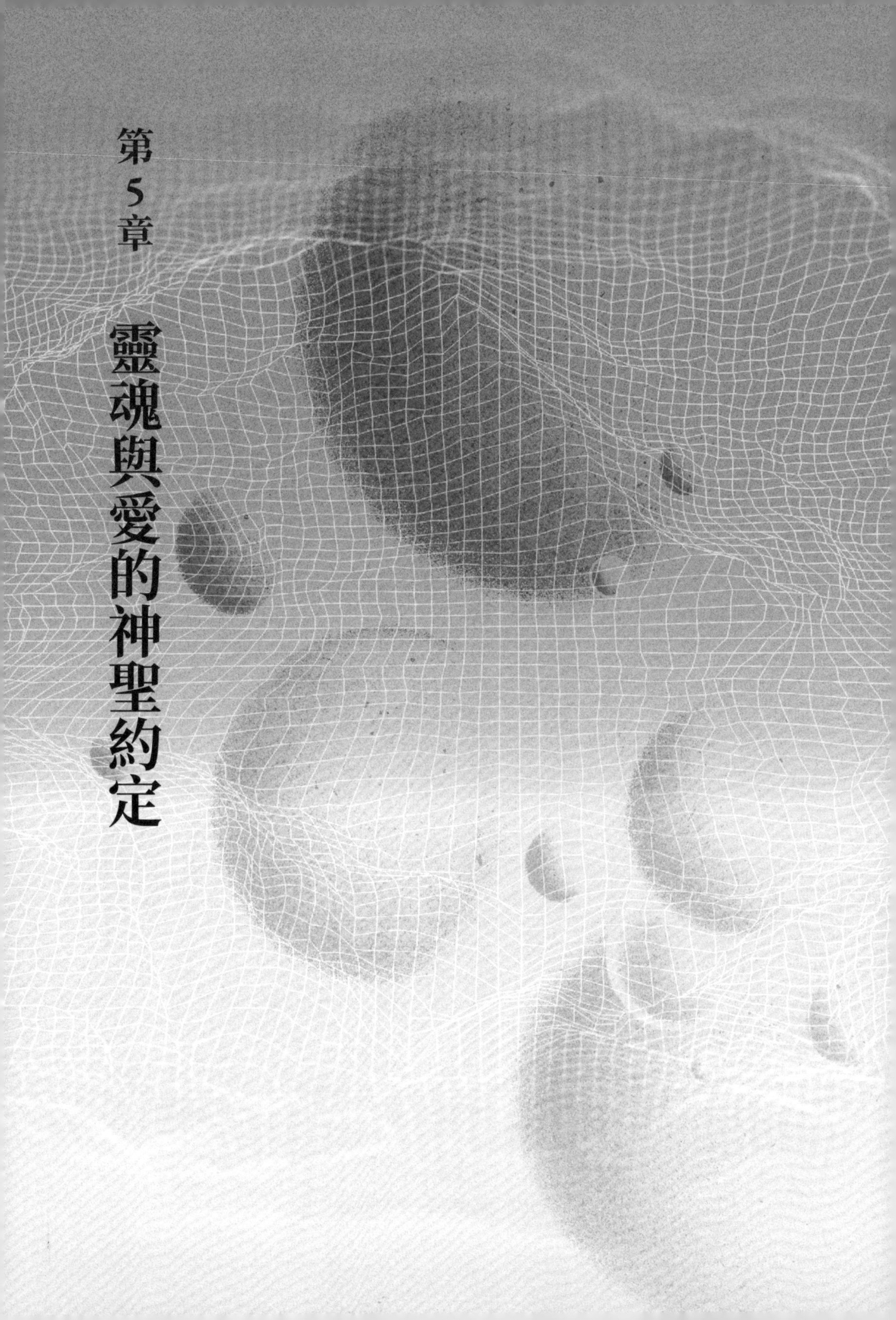

愛絕不會對習氣與業力執著不放，有愛的人在生活中時時刻刻保持清醒，專注於身心健康，不會錯誤地以為習性與業力是不可改變的事情，未來的不確定性更無法困惑他的心。

——無極瑤池金母

當我們面對抽象概念時，如果無法找到與它的連結，盲目地追求往往會變得徒勞無功。「愛」便是其中之一。即使宗教視愛為至高無上的美好，如果我們在生命中對愛的意義和重要性沒有深入的理解，一味地去追求愛、成為愛，可能對我們的生命並無實質的助益。

帶著這樣的疑問與反思，我向無極瑤池金母請教，關於愛對於一個人的生命和靈魂究竟有什麼實質的幫助。若我不去真正了解愛，我的生命會受到什麼影響？在聆聽無極瑤池金母的開示後，我希望每一個人都能更深刻地理解，為何我們必須真正去認識愛，甚至成為愛。這也是本章節所要探討的核心主題。

愛，使人更為大無畏

問

無極瑤池金母，在祢慈悲的教誨下，在前幾章中我們已經了解了愛的本質與真諦，並明白愛與情感之間的區別。然而，心中仍有疑惑，想向您請教：

為何我們必須學會愛？若不學習愛，我們是否也能過上美好的人生？這看不見、摸不著的愛，為何如此重要，值得我們窮盡一生去追求和學習？

祢曾經教導我們，成為愛是靈魂轉世的重要課題。我想進一步了解，在這浩瀚的宇宙中，成為愛對一個人的靈性成長有何等重要的意義？它如何塑造我們的命運，影響我們的轉世之路？

宇色！你的問題對於追求靈性修行成果的人來說，確實非常重要。

成為愛，並非使人柔弱消極，相反地，它能使人變得勇敢。愛如同一盞明燈，照亮你對未知世界的前路，驅散對未來的黑暗與恐懼。然而，愛並非鋒利的武器，而是推動你在生命旅程中前進的溫柔力量。

宇色，以及正在聆聽我教誨的諸位！在你的生活中，是否曾遇過這一種人：他們看似勇猛果斷，卻在面對真正的挑戰時猶豫不決，裹足不前？你可曾思考過，他們究竟在害怕什麼？他們的膽怯又源自何處？事實上，除了此生的家庭教育和生活經驗外，更深層的原因可能來自於靈魂累世積累的習氣和與生俱來的天性。

每個降生到這個世界的靈魂，都像是一位背負行囊的旅行者。這些行囊裝載著累世的業力、習氣和技能，它們既是你的負擔，也是你此生無形的精神財富。然而，每個靈魂的行囊內容各不相同，這取決於他們對「必需品」的定義。

有些靈魂認為物質財富是旅程中不可或缺的，他們的行囊中裝滿了對金錢、享樂和財富的執著。有些則將情感和人際關係視為珍寶，他們的行囊中盛滿了對愛情、友誼和家庭的渴望。還有一些靈魂將知識和精神成長視為首要，他們的行囊中裝載著對智慧的追求和內在平靜的嚮往；也有靈魂渴望冒險和探索，他們的行囊中裝著對未知的好奇和勇氣。

然而，請記住！行囊中的內容並非永恆不變。隨著靈魂在輪迴中不斷轉世，以及此生在靈性之路上的成長，你有權重新審視行囊，決定保留什麼、捨棄什麼，以及新增什麼。

成為愛，如同在你的靈魂行囊中放入一股強大而溫柔的能量。它能幫助你卸下不必要的重擔，同時賦予你面對未知的勇氣。這就是為什麼在西方的身心靈修練中，愛被視為核心教導。這就是為什麼西方人在一般人的印象中，顯得更果斷與具有創造力的原因之一。然而，你提到的東方修行方式，如冥想、瑜伽以及持咒等，雖然看似不直接談論愛，但它們的本質同樣蘊含著對宇宙和生命的深刻理解和接納，這不正是愛的另一種形式嗎？

靈魂的旅程是一個不斷學習和成長的過程。隨著每一次轉世、每一次歷練，靈魂都在重新定義什麼是真正「必需」的。

起初，許多靈魂會將外在的物質和短暫的情感視為重要。隨著靈性的提升，他們逐漸意識到真正珍貴的是那些內在的品性——善良、慈悲、寬容、智慧，以及與整個宇宙和諧共處的能力。這一份覺醒帶來的喜悦和幸福感，遠非物質所能比擬。

當靈魂達到如此的心境時，他們的心靈將轉變為純淨、寬廣和開放。他們不再懼怕生命中的不確定性，反而以勇氣和智慧迎接每一次挑戰。因為當愛覺醒時，生命引導著他們，使其人生旅程變得更加豐富和有意義。這個過程中最關鍵的就是「轉化」。轉化掉那些曾經視為重要的信念和價值觀，讓靈魂的意識得以擴展，變得更加自由。這種轉變讓靈魂以全新的視角看待世界，這正是靈魂意識覺醒的特徵。

愛，幫助一個人更加清晰地審視自己的靈魂行囊。它讓你們能夠分辨在生命旅途中什麼才是真正必要揹負一生的，什麼是可以在此時此刻放下的。這正是輪迴轉世的真正意義——透過一次又一次的歷練，淨化、提升與轉化靈魂的意識。

在之前的《請問覺醒》中所提及的，許多尚未覺醒的靈魂會將累世的業力和習氣誤認為是自己的本質。他們沒有意識到，那些看似與生俱來的負面情緒和行為模式——如貪婪、憤怒、嫉妒——並不屬於真我，它不是靈魂的本質。這種誤解常常導致他們陷入更深的執著和痛苦之中。

有些人認為「我就是我的想法」、「我就是我的情緒」，卻未意識到這些只是暫時的感受與生理反應，並非真正的「我」。這些錯誤認知深植於靈魂意識，在你們多生多世的轉世旅程中如影隨形。由於它們對你們來說太過熟悉，因此很容易將其視為自己固有的一部分。同時，大腦為了維護自身的存在感，於是緊抓著這些特質，即使它們帶來無止盡的痛苦，你們依然緊抓不放。

只有當靈魂意識到這些習氣並非本我，並勇於放下這些束縛時，愛才能真正流露。這是「釋放」，同時也是「轉化」的過程。當徹底認清它們的運作方式，並且徹底地斷除它們，靈魂才能真正地展現出愛的本質。

宇色！不要因我如此解說，就誤以為業力僅能被簡單區分為好或壞。不是的！在《請問輪迴》中我告訴過你，每一條靈魂都是從「那一條靈」分化出來，沒有例外，而對於那些剛從「那一條靈」分化出來的靈魂來說，業力就像是剛踏上旅途的旅行者所需的行囊，什麼都有。它提供了暫時的安全感和存在感，讓他們能夠在物質世界中立足和學習。

隨著靈魂一世又一世的輪迴轉世，歷經種種的苦難、災難與生離死別之後，靈魂意識不斷地蛻變，並且逐漸地明白，真正帶來心靈無限安全感的，是來自於內在的愛，而非那些表面的、暫時的依附。

生命的苦難來自於錯看，
調整心的位置，喜悅隨之而來，
它能燃燼一切遮蔽心的陰翳。

✦愛的覺醒是重新發現內在的家園

讓我用另一個比喻來回答你剛才的問題：成為愛對人們的生活會有什麼影響？

想像一座寂靜的小島，孤立在浩瀚無垠的大海之中。島上的居民卻對自己腳下的土地漠不關心，終日凝望著無邊無際的海洋。他們迷戀著海的廣闊與壯麗，認為那片湛藍是他們的領地與歸宿。殊不知，這座小島才是他們生命的搖籃、生活的根基。

這些居民未能體會腳下土地的珍貴。他們忽視了島上的絕美風光、豐饒資源和深厚人文，沉醉於對遙遠海洋的憧憬之中。他們將大把時光耗費在虛無縹緲的幻想裡，卻對身邊每一個微小的變化視若無睹。花兒綻放、鳥兒歌唱，和煦陽光灑落在他們頭頂，卻無人駐足欣賞，感受這份美好。

然而，命運的警鐘終將敲響。在一個靜謐的夜晚，一場百年不遇的風暴驟然降臨，狂掃這座被遺忘的孤島。巨浪如猛獸般吞噬沙灘和岩礁，狂風如利刃般割裂著島上的一切。沉睡中的島民從夢中驚醒，在驚慌失措中赫然發現已身陷狂風暴雨裡，整座小島不斷地顫抖與哀鳴。

島上一位年邁的智者最先洞悉，這場風暴實則是小島對島民靈魂的呼喚，意在喚醒他們認識自身與這片土地不可分割的聯繫。智者早已看透這一切，卻選擇靜默以待。奇蹟悄然發生。自那場驚心動魄的風暴之後，島民的心境開始轉變。他們逐漸意識到小島是他們生命的根源，也明白了自己與這片土地血脈相連、命運與共。他們開始關注島上的生態，珍惜自然資源，修復受損的每一寸土地。他們用雙手和心血重塑這座曾被遺忘的家園，讓它重新綻放生命的光彩。

歲月如梭，一年復一年，一代接一代。

小島漸漸恢復了昔日的美麗與風華。更多飛禽走獸在此安家，更多奇花異草在島上綻放。居民驚喜地發現了祖先埋藏的珍寶，那是蘊藏在這片土地中的智慧與文化遺產。曾被世人遺忘的小島，如今在大海中閃耀著璀璨的光芒，成為一顆熠熠生輝的明珠。它散發的溫暖光芒，讓周圍的人們重新注意到它的存在和價值。島民將這份珍貴的領悟傳承給每一代子孫：務必珍惜腳下的土地，不要迷失在遙不可及的幻想中。

宇色！我用小島的故事來回答你的提問，是為了說明一個深刻的道理：在這浩瀚無垠的世界中，人們往往無法找到真正的歸屬感和滿足。真正的財富和幸福並非來自對外在世界的盲目追求，而是源於內心無限的愛。在這個比喻中，小島象徵著你珍貴的內在本質，而廣闊的海洋則代表著你的習慣和宿世業力。我想提醒你們，不要過分沉溺於外在的浮華，而忽視了內心真正的寶藏。如何在關注外在世界的同時，也能滋養自己的內心，這才是值得你們思考的問題。

那些只關心海洋而忽略小島的人是無知的。他們失去了真正了解小島的機會，也錯過了成為小島主人的可能性。他們把精力花在掌控大海上，卻不知道當暴風雨來襲時，小島是他們唯一的避風港。如果他們是這座小島真正的主人，會用心了解小島上一切的變化，不會誤以為海洋是他們所擁有的。當暴風雨來襲時，不會感到恐慌，因為他們知道往何處是安全的、何處有食物，他們堅信小島會保護自己與家人。愛絕不會對習氣與業

愛，不會錯看生命

力執著不放，有愛的人在生活中時時刻刻保持清醒，專注於身心健康，不會錯以為習性與業力是不可改變的事情，未來的不確定性更不會困惑他的心。如果是你，會想成為哪一種人呢？

愛會將阻礙生命成長的業力與習氣從靈魂中剔除，就像經驗豐富的旅行者不會將不必要的物品放入行囊中。就像挖水井的工程師，一旦探知水源正確位置後，便向下不停地挖掘，終有一日甘泉將湧出地面，這就是向內探索生命的實相與真理。這是愛的靈魂所呈現的意識狀態。

愛是什麼？它是一種意識超脫的狀態。擁有愛，意識是流動且富有彈性的，隨時可以從世俗中抽離，因為愛的能量是流動且柔軟的。

愛不會被慣性與惡業所迷惑，成為愛的人會持續探索心靈更深處，以超然的態度處理生命。他們明白，真正的財富和幸福絕非外在世界所能給予，而是源自內心對自身所處環境的珍惜和感恩。成為愛，你就是一名覺悟者、開悟者，也是一名解脫者。覺醒會將你的意識從自我中分離，融入浩瀚無邊的宇宙，就像翱翔天際的老鷹俯瞰整個大地。反之，未覺醒的意識是無法從更高層次來看待事物的。

為什麼有些人生活過得很辛苦？為什麼有些人想改變生命，卻始終無法扭轉生活的一成不變，整日拖著疲憊的心日復一日？那是因為他們活在追求社會投射的「必須」上面。成為愛讓心保持覺醒，時時刻刻保持超脫的心，就像一位經驗豐富的旅行者，不必要的物品絕不會出現在他的行囊中；更要學習成為小島真正的主人，精心經營自己的避風港，讓小島呈現出嶄新的風貌。

當你真誠地敞開身心，
神性將以各種形式向你顯現。

愛的覺醒與終極蛻變

作為無極瑤池金母訊息的傳遞者，我在接收這神聖訊息的瞬間，進入了一種超越常態的意識狀態。我的意識以360度全像感知，以更全面、直接的方式感受這些訊息的本質。這種體驗絕非一般閱讀所能及，它是一種全然的、多維度的領悟。因此，在閱讀這篇靈訊時，我的感受與他人有所不同。在這段靈訊中，無極瑤池金母以兩個意象，啟示「愛」對於我們的重要性，以及它的多層面本質——旅行者的行囊和小島。身為第一手傳訊者，我能感知到它們背後所要傳遞的深層訊息。

首先是關於旅行者行囊的意象。這個意象揭櫫了愛的特質——它無法透過學習獲得，須由內在的覺醒和認知而來。

無極瑤池金母以旅行者與行囊的關係，來隱喻靈魂與愛的關係。在生命的旅途中，我們可以經由學習獲取許多靈性成長的技巧、觀念與理論，並在生活當中執行，但唯獨愛沒有辦法。因為愛不是身外之物，是我們靈魂本質的一部分，與我們的存有密不可分。愛，是在我們行囊淨空後顯現的心靈狀態，它跨越時空，陪伴著每個靈魂。行囊是我們輪迴轉世的必備品，沒有一個人來到人世間時不帶著它。然而，愛所投射出的元素，如同行囊中的物品，是我們可以自主選擇的。有些人選擇裝滿慈悲；有些人則偏好勇氣；有人重視智慧；有人珍惜寬容。這些選擇反映了我們靈魂的唯一獨特性和轉世歷程。

無論行囊的內容物為何，愛的本質始終如一。它深藏在我們的內心深處，靜待被喚醒和體驗。然而，一般人常犯的錯誤是，透過各種身心靈技巧去激活愛，這反而將愛推離我們，使我們與它漸行漸遠。愛不是需要學習的技巧，而是需要回歸本性。真正的靈修，不在於向外渴求新的東西，不斷地填充我們的行囊，而在於卸下蒙蔽我們內在之愛的層層面紗。

無極瑤池金母的教誨邀請我們進入內在世界，反思如何喚醒已存在的愛。我們必須捨棄對外在知識的追求，並在生命旅程中不斷反問自己：我真正需要什麼？什麼能帶給我內心的寧靜？在漫長的生命中，內在又有哪些東西我應該勇敢拋棄？

在前面的章節中，無極瑤池金母明確指出，覺悟、開悟、解脫、覺醒等名詞等同於愛。換句話說，那些已經看穿輪迴和轉世幻象的人，都是充滿愛的人，已經回歸真我，成為充滿愛的存在。因此，愛即是覺悟、開悟、解脫、覺醒，等同於真我。什麼是真我？這個問題讓我想起了印度聖人拉瑪那尊者的智慧。

拉瑪那尊者在《真我三論》中說到：「幸福即是真我，真我與幸福，二而一也，並無區別。『那個』獨在，乃為真實。世上萬物中，並無任何單一事物，可稱之為幸福。由於全然無明、毫無智慧，吾人幻想幸福可自外物取得；但適得其反，若心思馳逐於外物，吾人將遭受痛苦與煩惱。實則，當吾人之欲求滿足時，心思便歸返其源頭，安於其內，體驗其中，幸福感油然生焉，那是真我本質的自然情態。」

拉瑪那尊者曾說，真我是無法用語言描述或比喻的。它是我們存在的本質，超越了思維和感官的範疇。那麼，我們該如何喚醒並體驗這個真實的自我呢？尊者給出了一個簡單而深刻的方法——不斷地問自己：「我是誰？」這個看似簡單的問題，其實是一把開啟內在智慧之門的鑰匙。持續不懈地自我探究，讓我們得以逐步剝離虛假的自我認同，直達真我本源。真我的覺醒是一場深層內在的洗滌，超越了任何外在的工具與技巧。事實上，任何試圖「獲得」真我的努力都是徒勞的，因為真我不是可以獲得的東西，它本來就在那裡。當我們意識到真我不是可以學習或獲得的東西，而是我們本來就擁有的，我們就會明白為什麼它如此難以言喻。它不是我們的一部分，而是我們的全部。它不是客體，而是主體。就像我們無法「獲得」愛一樣，因為愛是靈魂的本質。

轉世輪迴是一趟神聖的旅程，每個靈魂都帶著愛踏上這一條神聖之路。因此，無極瑤池金母以旅行者的行囊為喻，明確地點出了愛對於我們此生的重要性。

然而，愛的覺醒並非如同旅人打開行囊那般簡單。它是一個漫長而深刻的過程，它需要我們在生命的拉扯與矛盾中，不斷反思和調整。每一次的選擇與放下，都是我們朝向更高層次的愛邁進的一步。每一次的生老病死，每一次的離別相聚，都是喚醒愛的契機。

雖然生命充滿了無止境的挑戰與困難，但我們可以將生命一切的不順心視為虛幻假象，在內在將其轉化為喜悦的情境，稱之為「轉念」。在這個過程中，我們的靈魂將苦境淬鍊為成長所需的養分。隨著一次次的轉念，我們開始覺察到生命中真正重要的事物，卸下不必要的執著，就像旅人整理行囊，只留下最珍貴、最本質的部分。當我們釋放並捨棄對外在事物的執著，愛便自然流露。此時眼界會豁然開朗，看穿生命的實相。這種覺醒與轉化並非一蹴而就，而是透過無數次的自我探索和內在洞察所達成的。

愛是在取捨之間共存下的智慧

談及心靈轉化，必須提到我所修持的靈修法門中的一個奧義，使我得以進入超越物質界限的意識境界——元神出竅。

如前所述，當我與無極瑤池金母進行對話時，我的感知瞬間轉換至一個360度的全像空間，我稱之為「意識轉換空間」。這是一個超越現實的靈性維度，在這個場域中，所有對話意境都變得無比真實，彷彿我已全然經歷過其中。

在這個神聖的意識空間裡，我的心靈狀態會經歷一種奇妙的蛻變。它從一個層次躍升到另一個更高的境界，這正是所謂的「轉化」。這種轉化不僅僅是思維模式的改變，更是人格特質的轉變。

心理學研究表明，一個人要徹底轉變其人格，通常需要歷經約十年的時間。然而，如果個體經歷過創傷、嚴謹修行或殘酷戰爭等特殊情境，其人格特質的轉變會更快。這種情境下的人格轉變雖有利有弊，但靈修的目的是將這個過程縮短至瞬間，同時使人格特質趨近於圓滿的狀態。而我的靈修就是在「意識轉換空間」中修練而成。

事實上，夢境也可以被視為一種「虛擬轉化空間」。多年前，我就曾經歷了一個徹底改變人格特質的夢境。

在夢中，我置身於一個普通的房間，好似即將遠行，正在整理衣物，丟棄不再需要的物品。突然，一股沉重的落寞感襲來，我感受到人只是地球過客罷了，此時心中升起六個字：「人離去、物消逝」。不知為何，這六個字深深重擊我的心。就在這一刻，觀世音菩薩悄然出現在我身旁。祂問我是否意識到，人世間的所有物品只是被人們使用的工具，而這些物品的產生，卻必須不斷地將地球的自然資源，轉化為人們所需的物品。而當人離開世界時，這些物品又將歸於何處？已經被開墾的資源又該怎麼辦呢？

菩薩輕撫一件衣服與棉被，繼續問道：「當你離開人世，它們又將屬於誰？」我回答菩薩，人死了，生前的一切都將被丟棄，不論它有多珍貴。語畢，剎那間，我彷彿被一道靈光擊中，頓悟了一個真理：我所使用的一切都來自地球資源。我有什麼權利過度使用這些資源，剝奪其他人的生存權益呢？難道僅因我們的私慾，就可以無止境地擴張，去剝奪地球和其他生靈的生存權益嗎？

就在這念頭轉變的瞬間，夢境突然綻放出耀眼的光芒，整個空間化為一片純淨的白色。我從夢中醒來，卻感覺靈魂被徹底洗滌。

從那天起，我的生活方式發生了巨大的改變。我不再購買不必要的物品，無論是衣物、鞋子、裝飾品還是紀念品。我所購買的一切，都基於真正的需求，而非在空虛慾望下的行為。也因這次夢境體驗，讓我深刻體會到了「富足意識」，也才有了後來的《請問財富》與後續的《請問》系列的誕生。我所經歷的，正是在「虛擬轉化空間」中重新審視自己與這個世界的關係。

轉化是一個微妙而深邃的過程。它並非要求我們完全斷絕生命中的一切，而是如同旅行者與行囊之間的關係，是在擁有與割捨之間探索平衡的過程。在這個過程中，我們的意識能夠同時察覺到兩種狀態，形成一種更高層次的覺知。

無極瑤池金母以旅行者和行囊為比喻，闡述了這一真理。祂告訴我們，在取捨之間，我們必須保持一種特殊的意識狀態。每當我們對某物做出取捨的決定時，都是在對生命的記憶和感受進行一次深刻的反思。無論是選擇丟棄還是保留，這兩種行為並非互相排斥或矛盾，反而構成了更純粹、更高階的意識狀態。

或許有人會質疑，這是否會陷入無止境的循環？因為我們無法單憑大腦就判斷什麼該留，什麼該捨。基本上，真正的取捨並不在於做出果斷的決定。每一件物品，每一種心靈狀態，其價值和意義都在不斷變化。因此，真正的重點在於，當我們在進行這個過程時，能否保持清醒的覺知——意識到自己正在做什麼，而不是執著於應該做出怎樣的決定。

許多人常常陷入一個靈性誤區：他們試圖用理性的大腦來判斷什麼該留、什麼該捨，並錯將這種判斷視為覺知。事實上，這種作法反而阻礙了靈性的覺醒。真正的覺知是讓大腦退位，以更深層的心靈去感知。在這種意識狀態的縫隙中，愛的意識會慢慢覺醒。這正是無極瑤池金母以旅行者和行囊為喻的深層用意。透過這個過程，我們學會在物質世界中保持心靈的自由，在擁有與放下之間找到平衡，從而達到更高層次的靈性覺醒。

從深淵中看見愛的存在

接下來我想分享，為什麼無極瑤池金母要用小島來比喻此生成為愛的重要性。

當我沉浸在這段靈訊中，我感受到深沉而穩定的力量。在這段靈訊中，有兩個容易被忽視卻至關重要的元素：暴風雨和智者。為什麼無極瑤池金母要特別強調暴風雨的來臨，才能喚醒居民對小島的珍貴認知呢？而那位智者，雖然洞悉所有居民都能安然度過風暴，卻選擇了沉默。這兩個看似不相關的情節，實則蘊含著愛的智慧。

暴風雨象徵著生命的鴻溝和心靈的深淵。當生命行至谷底臨界時，心靈的力量必然會將其帶往內在，探索自我——這是靈魂轉化階段不可或缺的歷程。在順遂安康的日子裡，人們往往難以珍視生命的珍貴；而愛的靈魂意識，也鮮少在事業有成、婚姻美滿、名利雙收者身上顯現，這是一個耐人尋味的現象。細觀歷史與當代名人，你會發現：當一個人攀登至事業巔峰時，往往伴隨而來的是貪圖虛榮與享樂、紙醉金迷，這樣的生活與愛相去甚遠。當一個人在事業的頂峰遭受無常的打擊，從而摔落到谷底，這便是所謂的生命臨界點。在這個生命的谷底，他的心靈會掉入無止境的深淵之中。正是在這個時候，愛才有機會萌芽。愛絕對不會在平順的日子裡展露，也不會因為一夜好眠而突然出現。這是不可能的。只有當你經歷過黑暗，才會真正珍惜光明；愛的出現，是因為你經歷過生命的深淵，它激活了你內在的某種智慧，並轉化成另一種心境，從而展露出來。

故事裡的智者代表著我們的高我。每個人內心都有一個高我，如同汪洋生命中的燈塔，靜默地照亮我們的道路。這個高我代表著我們最純粹、最睿智的部分。然而，要聆聽高我的聲音，需要靜心冥思，回歸到內在的寧靜。在事業巔峰時，如果我們能夠保持心靈的清明，不被名利薰心，不失去我們的赤子之心，高我就會持續引導我們前行。可惜的是，大多數人往往忽視了高我的存在。他們被外在的喧囂所蒙蔽，直到跌入人生低谷，才開始尋求內在智慧的指引。高我通常不會主動發出訊息，它更像是一個寂寞的觀照者，靜靜地凝視著我們的生命歷程。唯有當我們從生命的深淵中掙扎而出時，才能真正感受到它的存在和力量。這正是無極瑤池金母這段靈訊，最容易被忽視的細節，但又蘊藏著重要的啟示：只有在我們最脆弱、最需要指引的時刻，高我的存在才會顯現得最為明晰。

優雅抵達善境的愛

在現實生活中，人們有時會偏離生命的正道，不小心做出一些不該做的事。這些行為可能是對婚姻不忠，或因貪婪而導致財務損失。這些都可以視為脫序或偏離正軌的表現。然而，這段靈性訊息卻提醒我們，這些行為的根源其實是因為內心缺乏愛。當一個人真正進入愛的靈魂意識時，他的生命會展現出一種獨特的狀態。這種狀態不僅體現在外在行為上，更深植於內心的價值觀和生活態度中。

首先，愛逐漸覺醒的靈魂，他們的生活有一定的準則，深知生命的價值所在，不會將時間和精力浪費在無意義的事物上。他們珍惜每個當下，自發性地遵守道德和倫理，但這絕非外在戒律或信仰的約束，而是因為成為愛的人自然行走在天命規律的軌道上，使他們不至於偏離正道，不會輕舉妄動或違背內心感受。當我接收到這段訊息時，深刻感受到成為愛的人所散發的氣場具有寧靜的氛圍。他們不會強行介入他人的生活，而是讓生活圈中的每個人事物都處於穩定狀態。這並不意味著他們與世隔絕，而是能在自己的生活環境中找到安身立命之所，讓生命更有意義和安穩。

在職場中，雖然不公平、霸凌、言語挑釁和壓力是難以避免的現象，然而，已成為愛的人不會被這些外部因素所左右。他們為此抱怨與感到受傷。這是因為他們始終專注於內在。因此，有愛的人可能不會如外界所想像那般追求極高的職場成就和地位。

在婚姻中，「犧牲」這個詞彙在成為愛的人心中不存在。成為愛的人不會為了伴侶或家人而忽視內在的需求，因為他們的每一個行動都源自內在的圓滿和完整。當我們真正活在愛中時，不會為了外在環境而委屈自己。同樣地，成為愛的人也不會刻意扮演所謂的「好丈夫」或「好妻子」的角色。因為一旦我們開始迎合他人期望的角色，就無法真正成為一個充滿愛的人。相反地，在婚姻中不斷成為愛時，伴侶之間的關係會自然而然地變得穩定和諧。這種愛的能量會在兩人之間共振，形成更深層次的連結。婚姻並非要求我們扮演迎合他人的角色，而是成為最真實的自己。當我們專注於內在的成長和修練，這份愛會流露出來，影響到我們的伴侶，並讓關係在真誠與和諧中發展。

你可能會問，但是有時候遇到工作不順利或在婚姻中遇到不適合的人，一個成為愛的人，是否應該一直無怨無悔地扮演受害者的角色，或者在職場中忍受不公平呢？

我們需要明白，內在的能量頻率會與外在環境產生共鳴。一個充滿愛的人，其外部世界自然會呼應這種愛的頻率。因此，即使外部環境看似不順遂，也無法真正影響一個充滿愛的人。相反地，充滿愛的人會吸引並創造出充滿愛的環境。有人可能會問：「難道有愛的人就不會遇到不好的事情嗎？」這個問題本身反映出提問者可能還未完全理解愛的本質。對於真正活在愛中的人來說，所謂「好」與「不好」的二元對立已經不再重要，因為他們能在任何情況下都保持愛的狀態。這種人不會被外界的變化所動搖，他們的內在愛能夠超越外在的表象，並在任何情境中找到平衡與和平。真正的愛是一種內在的力量，能夠轉化任何經驗，無論是快樂的還是痛苦的。

即使在旁人眼中，環境似乎不盡理想，但對於一個已融入愛的本質的人來說，他只會感受到自己的內在光芒。當他的內在頻率與外在環境不相契合時，他會自然而然地與外部環境保持一定距離，但這個過程是平和而寧靜的。他不會抱怨，不會不滿，更不會與他人產生嫌隙。這種分離不是刻意為之，而是內在頻率提升的自然結果。他發展出既在紅塵又不屬紅塵的觀察者意識，以超然的態度看待周遭事物。這成為愛的人能在不安與動盪的環境中靜處於內在平靜，不被外界的紛擾所困擾。這是一個漸進的過程，體現了順應自然法則——不強求、不執著的生命哲學。雖然表面上似乎與人和環境保持一定的距離，但這種分離實則是一種優雅的和諧。這種內在的錨定使得他能夠在任何環境中保持愛的本質。

我們常常誤入歧途，將注意力過度投放在外部世界。我們批評不公，試圖調整婚姻、事業或財運等外在因素，以為這些是煩惱的根源。然而，這種努力往往徒勞無功。在愛的修練之路上，當我們面對外部世界的問題時，我們應該更加關注內心的運作，並從那裡尋找答案。正如無極瑤池金母所教導的，愛的核心在於回歸自我，探索內在的寶藏。

分析心理學的創始人榮格曾被問及對於二戰的看法。他回應道，外部世界與他無關，他所關注的是處理內在的感受。二戰對於他內在的感受與情緒，是他唯一面質與需要處理的部分。當一個充滿愛的靈魂專注於整理自己的內在世界，珍惜心靈的寶藏且謹守本分而不逾越生命賦予的界限時，宇宙自然會回應他的能量，確保他不會陷入真正的貧困與困頓。想像自己是一位礦工，不斷深入內心的礦坑。當你挖掘到足夠深度後，終將發現珍貴的寶藏——那份喜悅是無與倫比的。這種內在的豐盛自然會影響並改變外部環境，這正是愛的奧祕所在。向內探索需要極大的勇氣和毅力。它要求我們直面過去的陰影，同時對當前的處境心存感恩。這並非易事，但卻是成為愛的必經之路。試想，當環境不順遂時，你能否安然站立在自己生命的舞台上？如果能做到這一點，你就已經邁出了成為愛的第一步。

當一個人從事業巔峰跌落谷底，被無常打擊時，心靈會陷入無盡的深淵。但正是在這樣的時刻，愛和智慧有了真正萌芽的機會。我們珍惜光明，是因為經歷過黑暗；我們感受愛的力量，是因為曾觸碰生命的深處。請記住！成為愛的靈魂意識，它的路徑源自內心，除此之外沒有其他。透過持續不間斷的內在探索，不僅可以改變自己的生命，還能以優雅且迂迴的方式影響周遭的世界。

愛的靈修心法修持

所有的一切都具有獨特性，每個人亦是如此。然而，偏頗的政治主義和僵化的宗教觀念往往試圖將每個人塑造成一個模子。真正的愛與靈性應該允許每個靈魂發展出自己的獨特性。你可能認為自己是自由的，但實際上很可能生活在幻象中。從小，我們就被教育要與他人相同。長大後，社會又要求我們追求所謂的「成功標準」——賺更多的錢，成為成功人士，實現財務自由，擁有房子、車子和無盡的財產。這些標準化的要求會阻礙你的愛真正綻放。

要從這些幻象中尋找真正的自我。你的獨特性就是愛的源泉。不要害怕貧窮，不要擔心老年無人照料。擁有獨特性的人絕不會真正貧窮，充滿愛的人必定走向豐盛。愛與獨特性等同於內在的富足。只有失去自己獨特性的人，才會終生活在缺乏愛的貧乏意識中。

不要再試圖成為任何一個標準化的樣本。這只會滋生恐懼，阻礙你的愛萌芽。每天努力將這些社會標準的「貼紙」從自己身上撕掉。在這些貼紙之下，你會發現真正的獨特性，而愛就蘊藏其中。要勇於打破常規，擁抱你的獨特性。真正的自由來自於認識並接納真實的自己，而不是盲目追隨社會定義的成功。當你開始珍視自己的獨特之處，你就會發現愛的力量自然而然地流露出來。這種愛不僅豐富了你的生命，也會以獨特的方式影響他人。

記住，你的價值不在於你有多符合社會的期望，而在於你如何真實地活出自己。擁抱你的獨特性，讓愛自由流動，你將發現生命中真正的富足與意義。

請問愛

愛的真諦，
揭露靈魂與愛的神聖約定 上

Love

出版◆楓書坊文化出版社
地址◆新北市板橋區信義路163巷3號10樓
郵政劃撥◆19907596 楓書坊文化出版社
網址◆www.maplebook.com.tw
電話◆02-2957-6096 傳真◆02-2957-6435
作者◆宇色Osel
企劃編輯◆陳依萱
校對◆周季瑩
港澳經銷◆泛華發行代理有限公司
定價◆420元
出版日期◆2025年6月

國家圖書館出版品預行編目資料

請問愛 上 / 宇色Osel作. -- 初版. -- 新北市 : 楓書坊文化出版社, 2025.06
面； 公分

ISBN 978-626-7548-98-1 (平裝)

1. 民間信仰 2. 靈修 3. 愛

271.9 114005596